흙으로 빚은 역사
도자기

미래생각발전소 6 흙으로 빚은 역사, 도자기

초판 1쇄 인쇄 · 2011년 10월 5일
초판 6쇄 발행 · 2018년 11월 15일

글쓴이 · 신지승, 이종원 | 그린이 · 조혜주
펴낸이 · 김민지 | 펴낸곳 · 미래M&B
등록 · 1993년 1월 8일(제10-772호)
주소 · 04030 서울시 마포구 동교로 134 미진빌딩 2층(서교동 464-41)
전화 · 02-562-1800 | 팩스 · 02-562-1885
전자우편 · mirae@miraemnb.com | 홈페이지 · www.miraei.com
블로그 · blog.naver.com/miraeibooks
ISBN 978-89-8394-676-8 74300 | ISBN 978-89-8394-550-1 (세트)
값 12,000원

＊잘못 만들어진 책은 구입처에서 바꾸어 드립니다.
＊이 책은 저작권법에 따라 한국 내에서 보호받는 저작물이므로 무단 전재와 무단 복제를 금합니다.

아이의 미래를 여는 힘, 미래i아이 는 미래M&B가 만든 유아 · 아동 도서 브랜드입니다.

지식과 생각의 레벨업

미래생각발전소

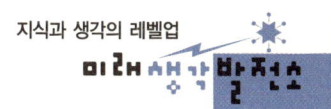

도자기

흙으로 빚은 역사

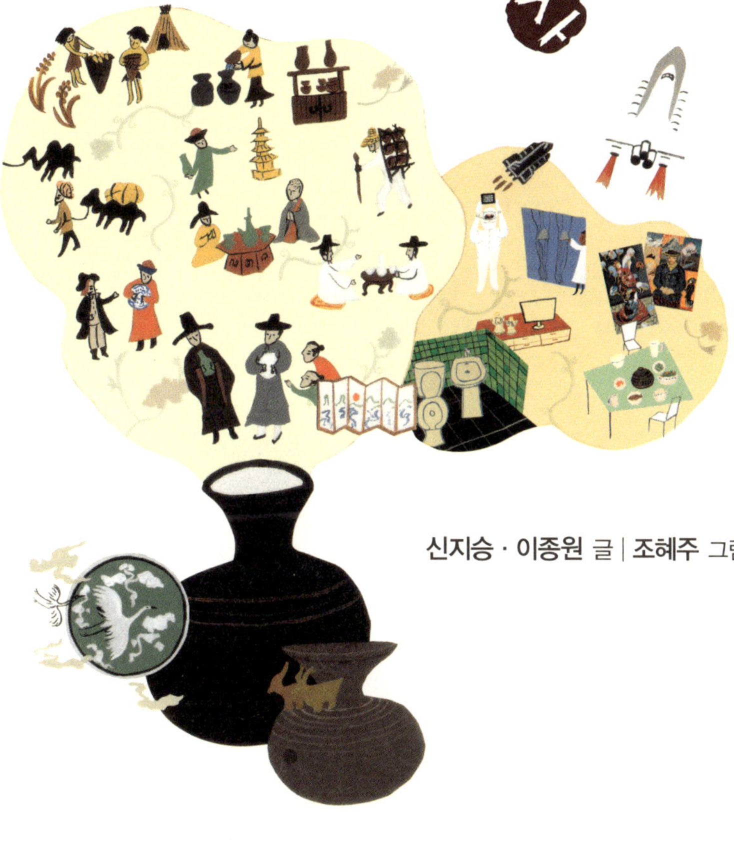

신지승 · 이종원 글 | 조혜주 그림

미래i아이

머리말

　수많은 유물들이 가득한 영국 런던의 대영 박물관에는 고려 시대 청자 사발 하나가 있어요. 안쪽 면과 바깥 면이 붉은 문양으로 되어 있는 독특한 사발인데, 조선 시대나 일제 강점기 때 영국 사람들이 가져간 것으로 추정돼요.

　사실 요즘에는 이처럼 색이 들어가 있는 그릇을 아주 흔하게 볼 수 있어요. 그런데 이런 평범한 사발이 대영 박물관에 전시되어 있다니 좀 의아하지요? 그건 당시만 해도 이렇게 도자기에 붉은색을 내는 게 아주 어려운 최고급 기술이었기 때문이에요. 실제로도 이 사발은 대영 박물관에 전시된 이 한 점만 남아 있어요. 아마 이 사발이 우리나라에 있었다면 국보로 지정되었을 거예요.

　우리가 흔히 도자기 하면 고려청자를 떠올리는 것은 고려 시대 우리나라 도자기 기술이 세계에서 가장 뛰어났기 때문이에요. 비색청자, 상감청자로 대표되는 고려청자는 우리나라를 세계에 널리 알리는 데 기여한 일등공신이지요.

　지금도 도자기는 우리 생활 깊숙이 자리하고 있어요. 장식품에서부터 각종 컵과 찻잔, 밥그릇, 국그릇에 이르기까지 다양한 형태, 색, 기능으로 우리와 함께 하고 있지요.

하지만 18세기 전까지만 해도 도자기는 가격이 금만큼이나 비싼데다 만들기도 매우 어려운 최첨단 상품이었어요. 그래서 세계의 여러 나라에서는 도자기 제작 기술을 얻기 위해 도자기 만드는 장인들을 자기네 나라로 데려가거나 스파이를 몰래 보내기도 했어요. 심지어 도자기 때문에 전쟁이 일어나기도 했답니다.

또한 도자기는 차 문화, 식문화와 함께 발전하면서 우리 일상생활에 많은 영향을 주었어요. 현재 박물관에서 가장 많은 수를 차지하는 유물도 도자기예요. 유럽에서는 시누아즈리와 자포니즘 같은 문화 현상이 생겨나기도 했지요.

도자기는 음식에 어울리는 그릇을 통해 아름다움을 추구하는 현대 식문화, 도자기에 바탕을 둔 세라믹 산업, 새로운 예술 분야인 도자 조각 등의 발전을 통해 미래에도 그 발전 가능성이 무궁무진해요.

이와 같이 우리는 도자기를 통해 과거와 현재, 미래를 모두 엿볼 수 있어요. 그럼, 지금부터 매끈매끈 우아하면서도 강한 도자기의 세계로 들어가 볼까요?

차례

Chapter 1 세상을 바꾼 토기
• 조상들이 가장 많이 남긴 유물 12 • 사람답게 살게 하다 15 • 서로 닮은 삼국 시대 도기 19 • 도기의 활약 25

Chapter 2 최첨단 기술이 만들어 낸 예술품, 도자기
• 마음으로 빚는 예술 32 • 1,300도의 마술 34 • 이거 없이는 도자기를 못 만든다고? 36 • **생각 발전소**: 도자기는 이렇게 만들어요 40 • 도자기의 탄생 42 • 인류 최초의 최첨단 상품 44

Chapter 3 세계로 진출한 도자기
• 신드바드의 배에 실린 도자기 52 • 세계 무역과 문명의 길, 실크 로드 54 • 실크 로드의 세 갈래 길 57 • 세라믹 로드의 출발지, 중국 62 • 낙타에 실려, 배에 실려 세계로 64

Chapter 4 우리나라 도자기 역사

• 철통 보안을 뚫어라! 74 • 우리나라 도자기의 탄생 75 • 하늘빛보다 고운 청자 82 • **생각 발전소**: 고려만이 낼 수 있었던 최고의 청자 기술 86 • 개성 강한 도자기, 분청사기 88 • 달덩어리 같은 백자 91 • 세계에서 인정받은 우리 도자기 95 • 임진왜란 후 시작된 일본의 도자기 역사 100

Chapter 5 도자기가 만든 세계 문화

• 동양의 녹차 문화 108 • 서양의 홍차 문화 114 • 식문화를 바꾼 도자기 120 • 도자기 문화 현상 1 : 시누아즈리 124 • 도자기 문화 현상 2 : 자포니즘 128

Chapter 6 흙으로 빚는 미래

• 도자기의 변신, 세라믹 136 • 새로운 예술의 장르, 도자 예술 142 • 음식과 그릇의 조화, 모리쓰케 144 • 미래를 준비하는 우리 도자기 147
• 부록: 전통 도자기 마을을 찾아서 150

Chapter 1

세상을 바꾼 토기

토기의 발명으로

인류는 곡식을

먹거리로 삼을 수 있었다.

조상들이 가장 많이 남긴 유물, 도자기

박물관에 가장 많이 있는 유물이 뭔지 아세요?

불상이라고요? 그림이요? 아니에요. 바로 도자기예요. 거짓말 같다고요? 그럼 잠시 눈을 감고 여러분이 가 봤던 박물관 전시실을 가만히 떠올려 보세요. 선사·고대관에서 가장 많이 본 유물이 뭐예요? 빗살무늬토기 같은 도기*잖아요. 도기가 많다 보니 고고학자들도 석기나 철기보다 도기를 중심으로 연구해요. 중·근세관에서도 마찬가지예요. 청자와 백자 같은 자기가 다른 유물보다 눈에 많이 띄지요.

실제로 도자기는 수량이 너무 많아서 전시되어 있는 것보다 훨씬 더 많은 유물들이 수장고에 보관되어 있어요. 수장고는 귀중한 것을 간직하는 창고예요. 용산으로 옮겨 오기 이전 국립중앙박물

도기와 자기의 차이

도기는 우리가 흔히 볼 수 있는 진흙 같은 도토로 빚어 600도에서 1,200도의 온도에서 구운 것이다. 빗살무늬토기나 장독 같은 옹기가 바로 도기이다. 이에 비해 자기는 고령토 같은 자토를 사용하여 1,200도에서 1,400도의 온도에서 만든다. 고려 시대의 청자나 조선 시대의 백자가 바로 자기이다. 도자기라는 말은 이런 도기와 자기를 합쳐 부르는 말이다.

관에 전시되어 있던 도자기의 수량은 고려, 조선의 도자기를 합해서 300여 점 정도였어요. 하지만 발굴된 유물들을 모두 모아 놓은 수장고 안에는 고려, 조선의 도자기만 2~3만 점이 넘게 보관되어 있었지요. 평생 빛을 보지 못하고 수장고에서 잠자는 도자기도 엄청나게 많아요.

놀라지 마세요. 지금 국립중앙박물관이 소장하고 있는 유물 20만여 점 중에서 8만여 점이 도자기예요. 더욱 놀라운 것은 전국 국립박물관이 소장하고 있는 유물 45만여 점 중에서 무려 26만여 점이 도자기라는 것이지요. 이처럼 도자기는 현재 남아 있는 문화유산들 중 가장 많은 양을 차지하고 있어요.

박물관에서 볼 수 있는 유물 중 가장 많은 것은 바로 도자기이다.

또한 해외의 유명한 박물관에도 우리 문화유산을 소개하는 공간이 따로 있어요. 이곳에 전시된 작품의 반 이상이 도자기고요.

그런데 도자기는 어떻게 이렇게 많이 전해진 걸까요? 그래요, 단단하기 때문이에요. 철은 강하지만 오랜 세월이 흐르면 녹슬고, 나무는 썩거나 불에 타기 쉽지요. 다른 것들도 여러 가지 이유 때문에 훼손되어 남아 있는 것이 별로 없어요. 하지만 도자기는 일부러 깨지 않는 한 오랜 세월이 흘러도 색이나 형태가 거의 변하지 않고 그대로 유지돼요. 이런 특성 때문에 도자기는 오랫동안 남아서 우리 곁에 있는 거랍니다.

아, 너무 당연해서 그냥 지나칠 뻔했네요. 도자기가 이렇게 많이 남아 있는 또 다른 이유는 도자기가 생활 속에서 꼭 필요한 물건이었기 때문이에요. 그만큼 많이 만들었고, 그러다 보니 남아 있는 것이 많을 수밖에 없겠지요.

도자기의 분류

일반적 분류	전통적 분류	박물관 분류	굽는 온도	예
토기	도기	토제 (토기)	600도~800도	빗살무늬토기, 민무늬토기
도기			800도~1,000도	삼국 시대의 도기, 통일신라 시대의 도기
석기			1,000도~1,200도	삼국 시대의 석기, 통일신라 시대의 석기, 조선 시대 옹기
자기	자기	도자기	1,200도~1,400도	청자, 분청사기, 백자

사람답게 살게 하다

인간이 최초로 그릇을 사용한 때가 언제일까요? 사실 구석기 인들은 그릇이 필요하지 않았어요. 여기저기 떠돌아다니며 그때그때 사냥을 하거나 열매를 따 먹으며 살았으니까요.

하지만 한곳에 정착해서 살기 시작한 신석기 시대로 넘어오면서 사정이 달라졌어요. 한곳에 정착해 농사를 짓기 시작하면서 인류는 더 이상 떠돌아다니며 먹을 것을 찾지 않아도 되었답니다. 이것을 우리는 '농업 혁명' 또는 '신석기 혁명'이라고 하지요.

그런데 문제는 농사지은 수확물을 어떻게 저장하느냐 하는 것이었어요. 일 년 내내 힘들여 지은 수확물을 잘 저장해야만 살아남을 수 있었으니까요. **이에 따라 곡식을 담을 수 있는 저장 용기가 필요했고 최초의 그릇, 토기가 탄생해요.** 마침내 사람답게 살 수 있게 된 거예요. 음식을 그릇에 담아 먹고, 끓여 먹고, 졸여 먹게 되었지요. 자연스럽게 음식의 종류도 많아졌고, 날것으로 먹을 때보다 병도 잘 걸리지 않게 되었어요. 이렇게 토기는 인류가 새로운 시대로 가는 첫걸음이 되었어요.

▲ 빗살무늬토기
ⓒ국립중앙박물관

주로 강가나 바닷가에 살았던 신석기 인들은 모래나 흙에 세우기 좋게 끝이 뾰족한 빗살무늬토기를 만들었다.

    신석기 인들에게 토기는 단순한 그릇 이상이었어요. 토기는 생존 그 자체였지요. 토기가 텅텅 비는 것은 암울한 미래를 의미했으니까요. 그래서 신석기 인들은 언제나 토기가 가득 차기를 기도했답니다. 빗살무늬토기는 이런 신석기 인들의 바람이 반영된 것이라고 할 수 있어요. 당시 신석기 인들은 주로 강가나 바닷가에 살았는데, 빗살무늬는 그 물결이 치는 모습을 새긴 거예요. 굶주리지 않게 해 준 신의 축복이 강과 바다에서 나온 것이라 여겨 이를 숭배했던 것이지요.

    신석기 인들이 만든 빗살무늬토기는 우리나라 전국에서 발견되고 있어요. 중국, 러시아 등 유라시아의 문화권에서도 발견되고 있고요.

그런데 빗살무늬토기는 왜 이렇게 끝이 뾰족할까요? 그것은 당시 사람들이 강가나 바닷가에 살았기 때문이에요. 평지와 달리 강가나 바닷가는 모래로 덮여 있어서 토기의 끝을 뾰족하게 만들었어요. 모래 속에 푹 박아 넣으면 넘어질 염려가 없었으니까요. 신석기 인들은 모든 사람들이 농사를 짓고, 사냥도 하면서 틈틈이 토기를 만들었어요.

▲ 민무늬토기
ⓒ국립중앙박물관

청동기 시대로 넘어오면서 토기만 만드는 전문가가 나타나요. 토기 전문가는 하루 종일 토기 만드는 일만 했어요. 이들이 만든 토기가 바로 '민무늬토기'예요. 본격적으로 농사를 짓기 시작하면서 사람들은 모랫바닥이 아닌 평지에서 살게 되었고, 이에 따라 토기를 세우기 편하게 토기 바닥을 평평하게 만들었어요. 또한 무늬도 사라지게 되었지요. 왜냐하면 더 단단한 토기를 많이 만들어야 했기 때문이에요. 그래서 청동기 시대 토기는 무늬가 없는 민무늬토기가 발달하게 되지요. 그리고 곧 청동기 시대에 만들어져 지금까지도 널리 쓰이는 항아리 모양의 토기가 등장합니다.

사람들이 힘을 합쳐 농사를 짓다 보니 모두가 먹고도 남을 만큼 많은 곡식을 얻을 수 있었어요. 이를 '잉여 생산물'이라고 해요. 그리고 토기도 이 잉여 생산물을 더 많이 저장할 수 있는 모양으로 바뀌게 되지

▲ 붉은간토기
ⓒ국립중앙박물관

요. 그것이 바로 항아리예요.

이들 항아리 중에는 채도도 있었어요. 채도는 색을 칠한 토기를 뜻해요. 붉은색을 띠는 '붉은간토기'와 검은색을 띠는 '검은간토기' 등이 그것이지요.

붉은간토기는 씨앗을 담기 위해 만든 거예요. 농사를 짓기 시작한 인류에게 씨앗은 목숨처럼 귀한 보물이었어요. 이런 소중한 씨앗을 잘 보호하고자 잡귀를 쫓는 붉은색을 칠한 붉은간토기에 보관한 거예요.

그렇다면 검은간토기는 어떤 토기일까요? 청동기 시대는 제정일치 사회로 제사를 아주 중요하게 여겼어요. 왕이 해마다 풍년을 기원하며 질병이 없고 다른 나라의 침략도 받지 않도록 농사의 신이나 마을의 신에게 제사를 올렸지요. 그래서 청동기 시대에는 술과 제물을 담는 그릇인 제기도 많이 만들었어요. 특히 하늘에 제사를 지내기 시작하면서 술은 없어서는 안 될 필수품이 됐어요. 검은간토기는 바로 술을 담기 위해 특별히 만든 토기였답니다.

▲ 검은간토기
ⓒ국립중앙박물관

서로 닮은 삼국 시대 도기

철기 시대가 시작되면서 도자기 제작 방법에도 두 가지 큰 변화가 생겼어요. 먼저 물레의 등장이에요. 물레를 사용하면서 토기를 많이 만들 수 있게 되었지요. 또한 야외에서 땔감을 태워 굽는 '노천소성'에서 벗어나 '반지하식 가마'가 만들어졌어요. 이에 따라 1,000도까지 온도를 올릴 수 있게 되었고, 드디어 회청색 또는 회흑색을 띠는 '도기'가 만들어지기 시작했어요.

철기 시대 사람들은 1,100도의 온도에서 만들어지는 철을 자유자재로 다룰 수 있는 사람들이었기 때문에 새로운 그릇인 도기도 만들 수 있었어요. 철기 시대에 속하는 우리나라 삼국 시대의 도기가 대부분 회청색이나 회흑색을 띠고 있는 것도 바로 이런 이유 때문이에요.

삼국 시대 가장 강대한 나라였던 고구려는 가장 발달한 도기 제작 기술을 가지고 있었어요. 하지만 다른 나라들과 달리 매우 소박한 도기를 만들었지요. 그리고 손잡이를 단 그릇을 많이 제작해서 실생활에서 좀 더 편리하게 사용했어요. 당시 도기는 신분을 상징하기도 했기 때문에 왕족이나 귀족은 화려한 모양을 좋아했어요.

하지만 고구려 왕족이나 귀족은 지배층에서부터 검소한 생활을 실천하며 도기로 멋을 부리거나 사치를 부리지 않았어요. 고구려가 강대할 수 있었던 것은 이런 지배층의 모범이 있었기 때문인지 몰라요.

뿐만 아니라 놀랍게도 고구려의 도기 중에서 조선 시대 장류와 김장을 담았던 장독 모양과 아주 비슷한 것이 발견되었어요. 그동안 옹기는 조선 시대 후기에 새롭게 만들어진 모양이라고 생각해 왔어요. 하지만 이 발견을 통해 고구려 도기가 우리나라 옹기의 원형이었다는 사실이 밝혀진 것이지요.

백제는 벼농사를 국가의 중요 산업으로 삼아서 성장한 나라예요. 그래서 다른 어떤 나라보다도 풍요로웠지요. 백제 도기는 그런 풍요로움에서 나오는 여유를 잘 보여 주고 있어요. 백제 도기는 질감이나 형태가 부드럽게 느껴지고 안정되어 보여요. 또한 백제는 반지하식 가마를 만들어 회청색 도기를 구워내지요. 반지하식 가마를 사용하면서 1,000도 이상으로 온도를 올릴 수 있게 되었어요.

한편 백제에는 학문과 기술에 전문 지식이 있는 사람에게 내렸던 '박사'라는 관직이 있었는데, 그 중에 '와박사'라는 것도 있었어요. 기와를 아주 잘 만드는 사람에게 내리는 관직이었지요. 와박사들은 기와뿐만 아니라 벽돌, 상하수도관까지 만들었으며, 도기로 만드는 최고의 기술자였어요.

가야에서는 철이 많이 났어요. 그리고 뱃길을 이용해 주변의 낙랑이나 일본 사이를 오가며 중계 무역을 해서 엄청나게 부유해졌지요. 가야 사람들은 다른 나라에 비해 다양한 문화를 흡수하고 자기 것으로

가야는 다양한 모양의 상형도기를 만들어 부적처럼 사용했다.

만드는 일에 개방적이었어요. 또 철기를 잘 다루다 보니 높은 온도에서 좋은 그릇을 만들었어요. **특히 가야 도기는 아름답고 균형이 잘 잡혀 있어 세련되고 우아하다는 평가를 받아요.**

가야는 다양한 모양의 '상형도기'를 만들기도 했어요. 상형도기는 대부분 소망을 담은 부적처럼 사용됐어요. 이를테면 집 모양 도기를 만들어 가족이 평안하길 빌었고, 수레 모양 도기를 만들어 장삿길이 무사하길 빌었어요. 그리고 배 모양 도기를 만들어 바닷길에서 탈 없이 돌아오길 빌었지요. 특히 오리 모양의 상형도기가 많이 만들어졌는데, 오리는 영혼을 태우고 저승으로 가는

◀ 토우장식항아리
ⓒ국립경주박물관

동물로 여겨졌기 때문에 장례용으로 많이 쓰였어요.

이후 가야는 신라에 의해 멸망하면서 가야의 다양한 상형도기는 신라의 도기에 많은 영향을 주게 되지요.

높은 산에 둘러싸여 지리적으로 고립되어 있던 신라는 삼국 가운데 가장 늦은 6세기가 되어서야 전성기를 맞이했고, 그 힘을 잘 이용하여 삼국을 통일했어요.

6세기에 만든 신라 도기는 아주 화려하고 장식이 많아요. 그리고 빗과 같은 도구를 사용하여 평행하게 직선 무늬 대여섯 개를 새긴 것이 특징이랍니다. 오히려 이런 직선 무늬 때문에 신라 도기는 딱딱한 인상을 주기도 해요.

그런데 신라 도기에는 아주 재미있는 특징이 있어요. 바로 다양한 모양의 '토우'예요. 토우는 흙으로 사람이나 동물 형상을 만든 것인데,

그 모습이 무척이나 다양해요. 사람 모양 토우는 악기를 연주하거나, 춤을 추고, 농사를 짓고 있어요. 동물 토우도 얼마나 다양한지 소, 말, 개 등의 가축과 토끼, 원숭이, 호랑이 등의 짐승들과 물고기, 자라, 거북, 뱀, 개구리 등 헤아릴 수가 없을 정도로 많아요. 신라 사람들이 왜 이런 토우로 도기를 장식했냐고요? 가야의 상형도기처럼 토우에 집안이 번창하고 식구들이 건강하기를 바라는 소망이나 아이를 많이 낳기 바라는 꿈을 담은 거예요. 그걸 두고 볼 때마다 행복해졌겠지요?

▲ 기마인물형토기(주인)
ⓒ국립중앙박물관

한편 삼국의 여러 나라들은 계속해서 철을 만드는 기술을 발전시켰어요. 철을 만드는 기술이 곧 나라의 흥망성쇠를 결정할 만큼 중요한 것이었지요. 이렇게 제철 기술이 발달하면서 삼국의 여러 나라에서는 새로운 그릇, '석기'가 만들어져요. 석기는 말 그대로 돌처럼 단단하게 구워진 그릇이라는 뜻이에요. 도기보다 훨씬 단단하지요. 철을 자유자재로 다루는 기술과 1,200도로 올릴 수 있는 가마 기술이 석기의 탄생을 가능하게 한 거예요.

석기를 만들면서 새로운 변화도 나타났어요. 굽는 온도가 워낙 높다 보니 석기의 표면에 장작이 타고 남은 재가 달라붙어 반짝이는가 하면, 흙 속에 있는 금속 성분이 녹아내린 흔적이 생긴 거예요. 이것을

'자연유 현상'이라고 해요. 유약을 바른 것처럼 반짝거린다는 뜻이에요. 마치 곧 다가올 반짝반짝 자기 시대를 예고하듯이 말이에요.

　석기를 만들기 시작한 이후 삼국 시대의 여러 나라는 도기와 석기를 같이 만들어 사용했어요. 음식을 찌거나 삶아 내는 요리 과정에서 어느 정도 수분을 흡수해야 하는 것들은 도기를 사용했고, 오랜 시간 음식을 보관해야 하는 저장 용기에는 주로 석기를 사용했지요. 통일 신라 시대까지도 도기와 석기는 공존했답니다.

　통일신라 시대에는 불교의 영향으로 화장 풍습이 유행했어요. 심지어 왕의 시신도 화장을 할 정도였으니까요. 경주에 있는 대왕암은 삼국을 통일한 문무왕을 화장해서 그 뼛가루를 뿌린 곳이에요. 이렇게 화장 풍습이 유행하자 화장한 뼛가루를 담는 뼈항아리도 많이 만들어졌어요. 이것도 석기였어요. 이런 뼈항아리는 아주 화려한 문양이 빼곡히 채워져 있었지요. 이는 귀족들이 무덤을 치장하는 대신 뼈항아리를 아름답게 치장했기 때문이에요. 특히 무늬를 미리 만들어 새겨 놓은 도장을 석기에 꾹꾹 눌러 만든, 찍은 무늬가 유행이었지요. 이 찍은 무늬는 몇백 년이 지나 조선 시대 분청사기에 다시 나타난답니다.

◀ 뼈항아리
ⓒ국립중앙박물관

도기의 활약

고려 시대 하면 청자, 조선 시대 하면 백자가 떠오르지요. 그러면 고려나 조선 시대에는 도기는 쓰지 않고 자기만 썼을까요?

아니에요. 도기는 사라지지 않았어요. 도기에는 자기가 갖지 못한 장점이 있었어요. 그래서 고려 시대나 조선 시대까지도 도기가 오히려 자기보다 더 많이 제작되었고 좀 더 다양하게 쓰였지요. 조선 시대 『세종실록지리지』에 따르면 자기를 만드는 자기소가 139곳, 도기를 만드는 도기소는 185곳이라고 기록되어 있어요. 여전히 도기를 많이 만들었다는 증거인 셈이지요.

이렇게 끊임없이 도기를 만들어 사용한 데에는 다 이유가 있어요. 그것은 바로 도기가 '숨 쉬는 그릇'이기 때문이지요. 도기는 가마 안에서 높은 온도로 구우면 흙에 있던 물이 증발하고 그 자리에 눈에 보이지는 않지만 미세한 구멍이 만들어져요. 이것이 도기만이 가지는 숨구멍이에요. 이와 달리 자기를 만드는 자토는 높은 온도에서는 녹아내려 유리질로 변하면서 모든 숨구멍이 막혀 버려요.

숨 쉬는 그릇인 도기, 이것은 굉장한 일이었어요. 냉장고가 없던

옹기는 도기와 자기의 장점을 모두 가지고 있는 도기이다.
도기의 장점인 숨구멍이 있어 음식을 신선한 상태로 오래 보관할 수 있고,
자기의 장점인 방수성이 높아 다양하게 쓰였다.

옛날에 숨 쉬는 항아리는 여간 쓸모 있는 게 아니었지요. 숨구멍으로 공기가 드나들기 때문에 습기가 조절되고 곰팡이가 피지 않았어요. 또한 음식에서 나오는 나쁜 물질들이 이 구멍을 통해 빠져나가니 싱싱한 상태가 오래 유지되었고요. 물을 담아 두면 도기에서 빠져나온 물이 증발하면서 열을 빼앗아 가 안에 담긴 물을 시원하게 마실 수가 있었어요. 이처럼 도기는 쓰임새가 아주 다양했어요.

특히 우리가 흔히 장독이라고도 부르는 옹기는 여전히 우리의 생활에 유용하게 쓰이고 있어요. 옹기는 자기는 아니지만 도기와 자

기의 장점을 모두 가지고 있어요. 도기처럼 숨 쉬는 구멍도 있고 자기처럼 유약을 발라 물이 새지 않아요. 즉 공기는 자유롭게 통과할 수 있지만 물은 통과하지 못하는 것이지요. 한국 음식 하면 으레 떠오르는 구수한 찌개와 맛깔스런 양념과 발효 음식은 모두 옹기의 도움으로 만들어진 거예요. 숨 쉬는 옹기만이 술, 장, 젓갈의 깊은 맛을 우려내기 때문이지요. 옹기는 지금까지도 우리 민족의 음식 문화를 지켜 주는 든든한 버팀목이 되고 있답니다.

옹기는 외국에서도 그 가치를 인정받고 있어요. 우리나라에서는 자기에 밀려 전시 공간조차 제대로 얻지 못하는 옹기이지만, 미국 워싱턴에 자리한 세계적인 박물관 가운데 하나인 스미소니언 박물관에는 옹기 2점이 전시되어 있어요. 그것도 '옹기(Onggi)'라는 우리식 이름표를 달고 말이에요.

Chapter 2

최첨단 기술이
만들어 낸 예술품, 도자기

1,300도라는 높은 열을

견뎌 내야만 탄생하는 도자기.

도자기는 정성과 기술이 빚어낸 예술이다!

마음으로 빚는 예술

예전에 도자기를 만들었던 사기장들은 자기의 작품이 조금이라도 마음에 들지 않으면 모두 부숴 버렸어요. 흙을 구하고 모양을 만들어 며칠 동안 불을 때며 지극정성을 다하지만 최고의 작품이 아니면 미련 없이 깨어 버렸지요*. 지금도 예전에 도자기를 만들던 곳에 가면 도자기의 파편인 사금파리를 쉽게 볼 수 있어요.

이와 같이 우리가 현재 볼 수 있는 도자기는 예전 사기장들이 최고의 작품으로 세상에 내놓은 것이에요. 도자기 한 점에는 그 사기장의 최고 기술과 지극정성이 담겨 있는 것이지요. 평범한 흙이 도자

황순원의 『독 짓는 늙은이』
독 짓는 송 노인이 주인공인 이 작품에는 사기장들의 신념과 좌절, 집념이 잘 드러나 있다. 1950년에 발표된 작품이다.

도자기는 사기장들의 혼을 담은 예술이다.

기로 완성되는 과정은 우리가 생각하는 것처럼 쉬운 일이 아니에요. 또한 기술만으로 되는 것도 아니고요. 그래서 어떤 이는 도자기를 '마음으로 빚는 예술'이라고 표현했어요.

1,300도의 마술

구리의 녹는 온도가 몇 도인지 아세요? 그래요. 1,000도예요. 그러니까 구리가 주원료인 청동 제품들, 청동 거울, 청동 검, 청동 도끼 등을 사용했던 청동기 시대는 1,000도의 온도에서 시작된 셈이에요.

그럼, 철은 몇 도에서 녹을까요? 모르겠다고요. 1,100도예요. 원래 철의 녹는 온도는 1,500도 이상이지만 철이 탄소를 흡수하면 녹는 온도가 1,100도로 내려가요. 즉 철기 시대는 1,100도의 온도에서 이루어진 것이지요.

자, 그럼 도자기가 만들어지는 온도는 몇 도일까요? 놀라지 마세요. 무려 1,300도랍니다. 구리도 녹고, 철도 녹는 온도에서 도자기가 만들어지는 거예요. 1,300도라는 온도에서도 녹기는커녕 오히려 아름다운 모습으로 만들어지기 때문에 도자기를 '1,300도의 마술'이라고도 해요.

16세기 이후 유럽에서는 이런 도자기를 '하얀 금'이라고 했어요. 왜냐하면 유럽 사람들은 백자를 좋아했어요. 특히 청화백자와 채색백자를 좋아했지요. 그런데 이런 백자의 가격이 금만큼이나 비쌌어요. 당시 유럽에서는 도자기를 만드는 기술이 없었어요. 도자기를 가지려면 먼 동양의 중국이나 일본에서 사와야만 했지요. 지금처럼 비행기 같은 빠른 교통수단이 있었던 때도 아니었으니 도자기 하나를 얻으려면 오랜 시간과 금을 살 때만큼이나 많은 돈이 필요했어요.

그래서 유럽에서는 도자기를 만들기 위해 무척 많은 노력을 기울였어요. 하지만 이들이 도자기를 만들기까지는 200년이라는 시간이 더 흘러야 했답니다.

이거 없이는 도자기를 못 만든다고?

"금 나와라, 뚝딱!"

1,300도의 마술, 도자기를 만들기 위해서는 무엇이 필요할까요? 우리 함께 마술을 하기 위한 준비물을 살펴볼까요?

먼저 마술에서 가장 중요한 1,300도를 견디는 특별한 흙이 있어야 해요. 흙이라고 다 같은 흙이 아니에요. 토기나 도기를 만드는 흙, 즉 도토를 가지고 1,300도로 구우면 그릇이 주저앉아 버려요. 흙이 높은 온도를 견디지 못해 녹아 버리는 것이지요. 그렇기 때문에 1,300도를 견디는 특별한 흙을 사용해야만 도자기를 만들 수 있어요. 이 특별한 흙을 '자토'라고 해요. 우리에게 잘 알려진 고령토도 자토의 일종이에요.

흙만 있으면 될까요? 다음 준비물은 1,300도까지 불의 온도를 올릴 수 있는 가마예요. 땅 바닥에서 굽거나 아무런 장치 없는 통 모양의 가마에서는 1,300도까지 온도를 올릴 수가 없어요. 그래서 도자기를 만들기 위해서는 1,300도까지 온도를 올릴 수 있는 특별한 가마가 필요해요. 이런 특별한 가마에는 용가마와 오름가마가 있어요.

◀ 용가마

열기가 가마 안을 최대한 돌아나가게 함으로써 열 손실을 크게 줄일 수 있는 구조의 가마이다. 산비탈을 이용하여 지은 가마의 모습이 용의 모습과 비슷하다고 해서 용가마라고 한다.

오름가마는 언덕을 올라가면서 가마를 연속적으로 설치했다고 하여 붙여진 이름이다. 오름가마는 용가마와 비슷한 구조로, 열 손실은 줄이면서 동시에 쓰고 난 열을 다음 칸으로 보내는 구조로 되어 있다. 각 칸마다 연료 투입구가 있어 온도를 조절할 수도 있고 가마 칸이 많기 때문에 한 번에 많은 도자기를 생산할 수도 있다. 현재 남아 있는 대부분의 전통 가마는 바로 이 오름가마이다.

오름가마 ▶

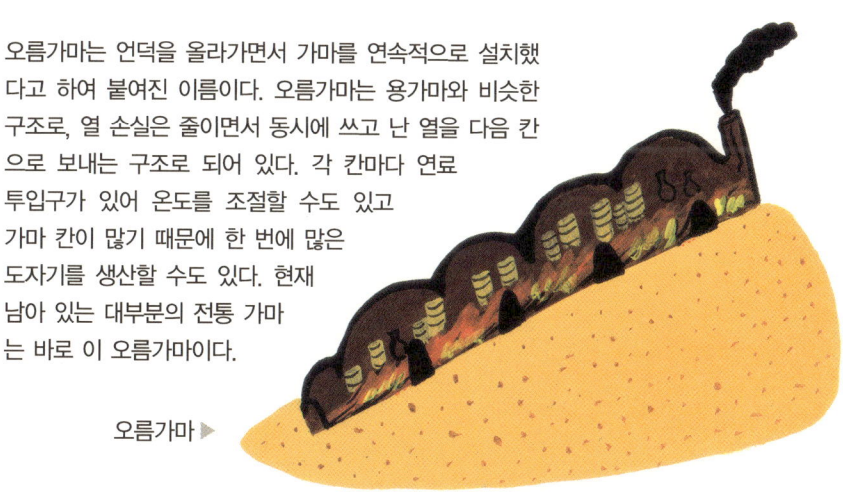

흙과 가마, 이 두 가지 준비물만 있으면 1,300도의 마술을 위한 기본적인 준비가 되었다고 할 수 있어요. 하지만 흙과 불이 있다고 아름다운 도자기가 만들어지는 건 아니에요. 도자기를 한번 떠올려 보세요. 도자기 표면에 광택이 나고 그림도 그려져 있지요?

도기에서는 볼 수 없는 도자기 표면의 반짝거리는 광택을 만들기 위한 유약이 필요해요. 유약은 흙에 유리를 덧씌우는 기술이라고 생각하면 돼요. 유약의 주된 성분이 유리의 구성 성분인 석영이거든요. 유약은 녹아서 도자기 표면을 반짝이게 하는 것은 물론 더 단단하게 만들어 줘요. 그리고 물도 통과시키지 않지요. '도자기의 빛깔을 어떻게 낼까?', 또 '얼마나 반짝이게 할까?' 이런 고민은 바로 유약이 해결해 준답니다.

이제 마지막 준비물을 소개해야겠네요. 도자기는 높은 온도에서 만들어지기 때문에 일반적인 물감을 쓰면 모두 증발해 버리고 그림이 남아 있질 않아요. 그래서 특별한 물감을 써요. 바로 '안료'라는 것이지요. 안료에는 철, 구리, 코발트 이렇게 세 가지가 있어요. 철로 그림을 그리면 갈색, 구리로 그리면 붉은색과 노란색, 코발트로는 푸른색을 표현할 수 있어요. 하지만 요즘에는 과학이 발달하여 수많은 색들을 자유자재로 표현할 수 있지요.

이와 같이 1,300도의 마술, 아름다운 도자기를 만들기 위해서는 흙, 가마, 유약, 안료가 모두 필요해요. 이런 기본적인 준비물을 자유자재로 다룰 수 있어야 1,300도의 마술을 멋지게 할 수 있답니다.

아차차, 가장 중요한 한 가지가 빠졌네요.

바로 순수하고 욕심이 없는 마음이에요. 최고의 사기장은 도자기를 빚는 기능만으로 되는 것이 아니에요. 좋은 작품을 만들고자 하는 간절한 마음과 더불어 순수하고 욕심이 없는 마음이 있어야만 해요. 그래야 도자기에 자연스러운 아름다움을 담을 수 있고 최고의 사기장이 될 수 있답니다. 자, 이제 소리쳐 볼까요?

"금 나와라, 뚝딱!"

생각 발전소

도자기는 이렇게 만들어요

1

1. 성형 : 물레를 슬슬 돌려 만들고 싶은 물건의 모양을 만들어요. 이것을 '기물'이라고 해요. 그런데 이 작업을 할 때에는 힘을 너무 줘도, 적게 줘도 안 돼요. 아! 영화 〈사랑과 영혼〉처럼 둘이서 하면 망가지기 쉬우니까 조심하고요.

2. 건조 : 곱게 만들어 다듬은 기물을 그늘지고 바람이 잘 통하는 곳에서 말려요.

3. 초벌구이 : 완전히 말린 기물을 1,000도 이하에서 살살 구워요. 왜 이렇게 약하게 굽냐고요? 기물 속의 불순물을 태우고, 그림을 쉽게 그리며, 유약을 입히기 위해서예요.

2

3

4. 장식하기 : 초벌구이한 기물에 안료를 이용하여 그림을 그려요. 아직 안료 색이 예쁘지는 않지요? 걱정 마세요. 불에 구우면 색이 확 달라져요.

5. 유약 바르기 : 자, 이제 안료로 장식한 기물에 유약을 발라요.

6. 재벌구이 : 유약을 바른 기물을 1,300도에서 구워요.

7. 완성 : 가마가 식기를 기다렸다가 조심스럽게 꺼내면 도자기가 완성!

도자기의 탄생

퀴즈를 하나 낼게요. 맞혀 봐요.

"최초로 1,300도의 마술에 성공한 나라는 어느 나라일까요?"

미국이라고요? 독일이요? 잘 모르겠지요? 힌트를 줄게요.

첫 번째 힌트. 이 나라는 은나라 시대에 백도라는 도기를 만들었어요. 현재 미국 워싱턴에 있는 동양 미술 전시관 프리어 갤러리에 소장된 백도는, 자토를 사용하였지만 굽는 온도가 낮아 도기에 머문 항아리예요. 즉 이 나라는 이미 기원전 17세기에서 기원전 11세기 사이에 1,300도의 마술을 위한 특별한 흙을 알고 있었어요.

두 번째 힌트. 이 나라는 진나라 시대에 황제를 위한 병마용갱을 만들었어요. 병마용갱은 황제의 무덤을 지키도록 흙으로 만든 실물 크기의 병사와 말이 있는 지하 갱도예요. 이것을 만들기 위해 전국의 도공들이 모여서 서로의 기술을 주고받았고, 얼마 뒤 이 나라는 드디어 도자기를 만들게 되었지요.

아직도 모르겠어요? 저기 저 친구는 벌써 답을 알고 있는 것 같네요. 쉿! 조금만 참아 줘요. 아직 마지막 힌트가 남아 있거든요.

자, 마지막 힌트예요. 이 나라를 뜻하는 '차이나(china)'라는 말은 도자기를 뜻하기도 해요. 그것은 이 나라가 도자기를 최초로 만든 나라이기 때문이지요. 이제 알겠다고요. 맞아요. 바로 중국이에요.

중국의 도공들은 은나라 때 백도를 만든 이후 더 좋은 그릇을 만들기 위해 불의 온도를 올리는 기술을 연구했어요. 여러 가지 방법으로 가마를 만들고 또 만들었지요. 드디어 중국은 한나라 말년인 3세기, 세계 최초의 도자기로 청자를 구워 내요. 그리하여 1,300도의 마술에 성공한 최초의 나라가 되었지요.

이후 우리에게 삼국지로 유명한 남북조 시대 동안 여러 지역의 다양한 기술들이 결합하고 발전하면서 중국 도자기의 질이 점점 좋아졌어요. 유약과 안료를 만드는 기술이 발달하면서 도자기는 더욱 더 아름다워졌고요. 특히 중국은 6세기 수나라 이후 백자를 만들 수 있게 되면서 명실상부한 도자기 종주국이 되었어요. 이후 당나라 시기에 중국 도자기는 해외로 수출될 정도로 우수한 품질을 자랑하게 된답니다.

인류 최초의 최첨단 상품

"3, 2, 1, 발사!"

텔레비전을 통해 숨죽여 가며 지켜본 우리나라의 나로호 2차 발사는 아쉽게도 실패로 돌아갔어요. 이로써 우리나라는 세계 열 번째 자력 위성 발사국의 명예를 다음 기회로 미뤄야 했지요. 이와 같이 오늘날 우주선을 만드는 것은 몇몇 나라만이 할 수 있는 최고의 첨단 기술이에요.

그런데 놀라운 사실을 하나 말해 줄까요? 천 년 전, 도자기를 만드는 기술이 있었던 나라는 얼마나 될까요? 놀라지 마세요. 중국과 우리나라, 이렇게 단 두 나라 밖에 없었어요.

중국은 도자기 만드는 법을 철통같이 지켜 다른 나라로 유출되지 않도록 했어요. 그래야 이익을 독차지할 수 있으니까요. 실제로도 중국은 천 년 가까이 도자기 제작 기술을 독점하여 도자기 무역으로 막대한 이익을 남겼어요.

중국 사람들은 중동이나 아프리카에 청자와 백자를 수출했어요. 그것도 아주 많이요. 유럽에는 백자를 엄청나게 팔았지요. 그 시대 최고의 첨단 제품이 이처럼 대량으로 전 세계에 수출된 것은 도자기가

중국은 도자기 제작 기술이 다른 나라로 유출되지 않게 지키며 많은 이익을 독차지했다.

처음이었어요. 그렇기 때문에 어떤 사람들은 도자기를 인류 최초의 최첨단 상품이라고도 불러요. 지금의 우주선을 쏘아올리는 기술처럼 그 시대 최고의 첨단 기술이었던 것이지요.

도자기가 세계적으로 인기를 끌다 보니 도자기 수출국 중국은 엄청나게 돈을 벌었어요. 도자기는 인류가 만든 최초의 고부가 가치 상품이었던 거예요. 그뿐인가요? 최초의 대량 생산품이자 최대의 국제 교역 상품이기도 했어요. 그렇기 때문에 당시에 도자기 제작 기술을 보유했다는 것은 곧 세계 중심에 우뚝 선다는 것을 의미했어요.

도자기는 어째서 세계 사람들에게 그렇게 인기가 좋았을까요?

앞서 살펴보았듯이 도자기는 크게 도기와 자기로 나눌 수 있어요. 사람들이 사용하던 도기는 미세한 구멍을 통해 물을 흡수했고 그다지 단단하지도 못했어요. 그래서 도기에는 액체를 담아 오래 두지 못했고, 약한 충격에도 쉽게 부서졌지요.

하지만 자기는 방수성이 완벽해 물을 흡수하지 않았고, 단단해서 잘 부서지지도 않았어요. 도기만을 사용하던 유럽 사람들은 중국에서 건너온 자기에 반할 수밖에 없었지요. 자기는 도기의 한계를 벗어나 실제 생활 속에서 그릇, 접시, 찻잔 등으로 아주 유용하게 쓰였으니까요.

그것만이 아니에요. 유럽의 도기에서는 볼 수 없는 반짝거리는 광택과 표현할 수 없는 아름다운 빛깔이 눈길을 끌었어요. 특히 청색의 물감으로 화려하게 장식한 청화백자는 유럽 사람들에게 깊은 인상을 심어 주었지요. 이는 유럽 사람들이 가지고 있던 아름다움의 기준을 바꿀 정도였어요. 처음 자기를 본 유럽 사람들은 눈이 휘둥그레져서

금만큼 비싼 가격도 아랑곳하지 않고 중국 도자기를 사들였어요.

아름다운 데다 중국에서만 나는 귀한 물건인 도자기를 사용한다는 것은 곧 아주 고귀한 신분을 나타나는 징표가 되었거든요. 유럽의 왕후는 물론 귀족들은 너도나도 중국 도자기로 자신들의 지위를 과시하고 싶어했어요. 특히 유럽의 왕들은 중국 도자기만을 전시하는 '중국 도자기방'을 만들 정도로 중국 자기에 열광했어요.

자기는 도기의 단점인 방수성이 보완되어
그릇, 접시, 찻잔 등 실제 생활에 널리 쓰였다.

Chapter 3

세계로 진출한 도자기

인류 최초의 최첨단 상품인 도자기는

실크 로드를 통해

전 세계로 전파되었다.

신드바드의 배에 실린 도자기

『신드바드의 모험』이라는 이야기를 읽어 본 적 있나요? 신드바드가 펼치는 환상적인 모험 이야기에 아마 밤을 새워 책을 읽었을지도 모르겠네요. 신드바드는 배를 타고 무역을 하던 옛날 이슬람 상인 중 하나였어요. 그래서 이 이야기를 읽으면 당시 이슬람 상인들에 대해 알

사람들은 어려움과 위험에도 굴하지 않고
부자가 되는 꿈을 이루기 위해
바다를 항해하며 무역을 했다.

수 있지요.

 그런데 이들이 바다를 항해하며 무역을 했던 때만 해도 과학 기술이 발달하지 않아서 바다를 항해하는 일은 여간 어려운 일이 아니었어요. 용감하게 바닷길에 나섰다 하더라도 자연의 힘을 이겨 내지 못해 배가 침몰하거나 난파되는 등 많은 어려움을 겪었어요. 무수히 많은 생명들이 목숨을 잃기도 했고요. 하지만 사람들은 이와 같은 어려움과 위험에도 굴하지 않고 부자가 되는 꿈을 이루기 위해 바다를 항해하며 무역을 했답니다.

 당시 상인들의 주요 거래품은 중국의 비단과 도자기였어요. 신드바드가 타고 있던 배에도 다른 물건들과 함께 도자기가 실려 있었을지 몰라요. 어렵게 구한 도자기를 싣고 머나먼 바다를 항해하여 무사히 자기 나라로 갔다면 아마 신드바드는 어마어마한 부자가 되었을 거예요. 그 당시 도자기는 중국에서만 만들어지는 귀한 것이었기 때문에 아주 비싼 가격으로 팔 수 있었으니까요.

세계 무역과 문명의 길, 실크 로드

지금으로부터 2천 년 전에는 아시아와 유럽, 아프리카의 여러 나라들은 서로를 잘 알지 못한 채 살았어요. 서로 왔다 갔다 할 수 있는 길이 없었거든요. 하지만 '실크 로드'가 생기고 나서부터는 이야기가 달라져요.

우리가 흔히 '비단길'이라고도 부르는 실크 로드는, 동양과 서양이 서로의 물건을 사고팔면서 생긴 길이에요. 그중 대표적인 상품이 중국의 비단(실크)이었기 때문에 그런 이름이 붙었지요. 이 길을 통해 동양과 서양은 비단뿐만 아니라 서로에게 필요한 도자기, 옥, 향료, 유리 등을 사고팔았어요.

하지만 실크 로드는 이같이 눈에 보이는 상품만 사고판 게 아니었어요. 이 길을 따라 중국이 세계 최초로 발명한 비단 짜는 기술과 종이 만드는 기술, 화약, 인쇄술, 나침반 등이 유럽으로 전해졌고, 불교·이슬람교·기독교 같은 종교와 이슬람 문명권의 학문과 과학 기술이 중국으로 전해져 서로의 문명 발달에 큰 영향을 주었지요. 미술, 음악 등의 예술도 이 길을 따라 서로 교류하면서 발전했어요.

상인들은 낙타에 비단, 도자기 등을 싣고 사막을 가로질러 다녔다.

중국의 한나라와 당나라를 비롯해 이슬람 제국, 몽고 제국, 티무르 제국 등 여러 나라와 민족들이 실크 로드 위에서 흥망성쇠를 거듭하며 유라시아의 역사를 만들어 갔어요. 우리가 잘 아는 고선지* 장군, 장보고, 칭기즈 칸 등 영웅들의 발자취가 남겨져 있기도 하지요.

> **고선지**
>
> 고구려에서 태어났지만 나라가 망해 당나라로 가서 스무 여남 살에 장군이 되었다. 톈산 산맥 서쪽의 달해부를 정벌하였고, 티베트와 사라센 제국의 침략을 막았다. 안녹산의 난에 출전하였으나, 모함을 당하여 처형되었다.

실크 로드의 세 갈래 길

　　세계 무역과 문명의 길인 실크 로드는 여러 가지로 길이 나누어져 있어요. 그중 대표적인 길이 초원길, 사막길, 바닷길이었지요. 초원을 따라 가는 '초원길', 사막의 오아시스를 따라 가는 '사막길', 바다를 오고 가는 '바닷길'. 이 세 갈래 실크 로드에 대해 구체적으로 살펴볼게요.

　　끝없이 펼쳐진 광활한 초원을 본 적 있나요? 초원길은 유라시아 북방 초원 지대를 횡단하는 길로 가장 북쪽에 위치하고 있어요. 하지만 초원길이라고 해서 우리가 상식적으로 알고 있는 그런 정해진 길이 있는 것은 아니에요. 뚜렷한 노선이나 이정표도 없는 망망대해 같은 드넓은 벌판 위를 그냥 걷거나 말을 타고 달려가는 것이지요.

　　초원길에서는 중국 한나라 이전에 주로 스키타이족이나 흉노족 같은 기마 유목 민족이 활약했어요. 하지만 사막길이 발전하면서 서서히 쇠퇴하지요. 그 후 몽골의 칭기즈 칸이 초원길을 이용해 대제국을 건설할 때 잠시나마 활기를 되찾기도 했답니다.

　　원시적인 문명 교류의 시작을 보여 주는 비너스 상과 선사 시대의

세계 무역과 문명의 길인 실크 로드는 그중 대표적인 길이 초원길, 사막길, 바닷길이었다.

흙 그릇인 채도가 이 길을 따라 분포하고 있어 초원길을 '비너스의 길', '채도의 길'이라고도 해요.

그 아래로 사막을 지나는 길이 있어요. 사막하면 뭐가 가장 먼저 떠오르나요? 아마 끝없이 펼쳐진 모래와 그 위를 뚜벅뚜벅 걸어가는 낙타가 떠오를 거예요. 하지만 사막은 낮에는 50도까지 올라가는 더위와 밤에는 영하로 떨어지는 추위, 사막의 모든 지형을 바꾸어 버려 길을 잃게 하는 모래 폭풍으로 인해 카라반*에게는 공포의 대상이었어요.

카라반

낙타나 말에 짐을 싣고 다니는 상인 무리이다. 사막이나 초원과 같이 교통이 발달하지 않은 지방에서 먼 곳으로 다니면서 특산물을 교역한다.

사막길은 이런 사막을 연결한 길이에요. 당나라의 장안을 시작으로 둔황, 타클라마칸 사막, 중앙아시아를 거쳐 콘스탄티노플로 연결되었지요. 길을 따라 줄지어 있는 오아시스 중간 중간에 상인들이 쉴 수 있는 휴게소와 숙소를 설치하면서 사막길이 만들어진 거예요.

사막길은 기원전 2세기 중국 한나라 시대 장건에 의해 열렸어요. 7세기에 이르러 현재 중국 시안 지방인 장안과 지금은 이스탄불이라 부르는 콘스탄티노플을 잇는 길이 완성되면서 전성기를 맞지요. 하지만 당나라가 751년 탈라스 전투에서 이슬람 제국에게 패배함으로써 중앙아시아 지역을 잃게 되고 그 후 티베트에게 타클라마칸 사막 지역까지 내주게 되면서 사막길은 급격히 쇠퇴해요. 이후 항해 기술이 발달하면서 실크 로드의 주도권은 해상으로 넘어가게 되지요.

사막길을 통해서는 중국의 비단, 종이, 도자기, 중앙아시아의 옥, 로마의 유리 등이 오고갔어요. 주로 낙타를 통해 이동해야 했기 때문에 무게가 적게 나가는 물품들이었지요. 그래서 무거운 도자

이슬람 상인들은 바닷길을 이용해 활발하게 무역을 했고, 이로 인해 동양과 서양의 문물이 교류될 수 있었다.

기는 많은 양이 거래되지는 않았어요. 하지만 이 길을 통해 종교, 학문, 과학 기술, 예술 등도 함께 오갔기 때문에 동서양의 문명은 더욱 풍요로워졌답니다.

그런데 우리의 주인공 도자기가 주로 운반된 길이 또 있어요. 그것도 아주 대량으로요. 바로 바닷길이에요. 사람들은 지도도 정확하지 않고, 나침반도 없던 시절부터 바닷길을 이용했어요.

지도도 믿을 수 없고 나침반도 없이 배를 타고 바다에 나섰다고 생각해 보세요. 또한 날씨까지 좋지 않아 폭풍우라도 친다면 아마도 빨리 육지로 돌아오고 싶어질 거예요. 하지만 사람들은 여러 가지 위험에도 불구하고 신드바드처럼 바다로 나갔어요. 항해술이 발달하면서 서서히 더 많은 지역을 다니게 되었지요.

바닷길은 8세기 중반 이후 이슬람 상인들이 인도, 중국, 우리나라, 일본까지 활발하게 무역을 하러 다니면서 발달하기 시작해요. 이후 12세기 중국의 송나라는 만주 여진족이 세운 금나라에 의해 사막길이 완전히 차단되자 바닷길을 더욱 활발하게 이용했어요. 그리고 때마침 나침반도 발명되어 바닷길은 더욱 성장하게 되지요.

그러다가 16세기에 콜럼버스 등이 유럽의 대항해 시대를 열었고, 대서양 항로와 태평양 항로가 연결되면서 전 대륙을 바다로 오고갈 수 있게 되었어요. 지금까지도 바닷길은 실크 로드의 기능을 하고 있어요.

바닷길을 이용해 무역을 하는 상인들의 배에는 중국의 도자기와 차, 동남아시아나 인도에서 나는 향료가 가득했어요. 배를 이용하니까 낙타가 운반하는 사막길보다 훨씬 부피가 크고 무거운 물건도 대량으로 교역할 수 있게 되었지요. 그러다 보니 다른 실크 로드보다 도자기를 더 많이 운송하게 되었어요. 그래서 이 바닷길을 사막길과 더불어 '세라믹 로드', 즉 '도자기 길'이라고도 한답니다.

세라믹 로드의 출발지, 중국

　세라믹 로드는 실크 로드 중 도자기가 수출된 사막길과 바닷길을 함께 부르는 말이에요. 하지만 바닷길을 통해 수출된 도자기의 양이 사막길에 비해 워낙 많기 때문에 바닷길만을 세라믹 로드라고 하기도 해요. 중국의 도자기는 사막길과 바닷길을 통해 세계로 수출되지요.

　세라믹 로드의 출발지는 당연히 도자기를 생산할 수 있었던 유일한 나라인 중국이었어요. 우리나라도 고려 시대부터 도자기를 생산했고 다른 나라에 수출도 했지만 중국에 비하면 그 양이 너무나 적었어요. 이렇게 도자기는 중국을 시작으로 낙타와 배에 실려 세계로 퍼져 나가요.

　세라믹 로드로 먼저 사용된 것은 사막길이에요. 8세기 당나라 때 사막길을 통해 이슬람 지역에 중국산 도자기가 처음 전해졌지요. 하지만 도자기는 깨지기 쉬운 물건이라 아무래도 흔들리는 낙타로 이동하기에는 한계가 있었어요. 그래서 많은 양을 수출하지는 못했어요.

　하지만 송나라 때 나침반이 발명되고 항해술이 발달하면서 실크 로드의 주 무대는 바닷길로 옮겨가지요. 그러면서 도자기의 수출이 급격히 늘어나요. 배를 이용해 무겁고 깨어지기 쉬운 도자기를 아주 먼 곳까지 대량으로 수출할 수 있었기 때문이지요. 또한 배를 이용하면서 낙타를 통해 수출하던 것과는 비교가 되지 않을 정도로 많은 도자기를 한꺼번에 수출할 수 있게 되었고요.

이제 도자기는 중국의 가장 중요한 수출품이 돼요. 중국의 도자기는 서아시아 지역뿐만 아니라 한국, 일본, 동남아시아, 인도, 아프리카 대륙의 동해안, 이집트까지 수출되었고, 대항해 시대 이후에는 유럽과 아메리카 대륙에까지 수출된답니다.

실크 로드를 통한 중국 3대 발명품의 전파

1. 종이 : 중국 후한 시대인 105년에 채륜에 의해 발명된 종이는 기록의 역사를 바꾼 획기적인 일이었다. 당나라와 이슬람 제국이 탈라스 전쟁을 치르면서 중국의 제지술은 이슬람 제국에 전해졌다. 이후 제지술은 북아프리카를 거쳐 유럽으로 전파되었다.

2. 화약 : 중국 송나라 때 만들어진 화약은, 활이나 칼로 싸우던 당시의 전쟁 양상을 완전히 바꾸어 버렸다. 바닷길을 통해 이슬람에 전파된 화약은 중국보다 더 위력적인 무기로 발전하였고 이것들은 곧장 유럽 각지로 전파되었다. 화약 무기의 전파로 유럽은 오랫동안 유지되어 온 중세 봉건 제도가 무너지고 근대 사회로 넘어가는 계기를 마련했다.

3. 나침반 : 중국 송나라 때 발명된 나침반은 항해의 역사에 새로운 장을 열었다. 나침반은 중국에서 무역을 하던 이슬람 상인들에 의해 이슬람에 먼저 전해져 '뱃사람들의 벗'이라고 불렸다. 이후 유럽으로 전해져 16세기 대항해 시대를 여는 데 결정적인 역할을 했다.

낙타에 실려, 배에 실려 세계로

그럼 첫 번째 세라믹 로드인 사막길로 낙타에 실려 세계로 나간 도자기를 따라가 볼까요?

우선 타고 갈 낙타들이 건강한지 잘 살펴봐야겠지요. 2년이 넘는 기간 동안 타고 가야 할 낙타니까요. 아무 이상 없다면 도자기를 잘 실었는지 확인해 볼 거예요. 이번에 싣고 갈 도자기는 아름다운 빛깔을 가진 최고 품질의 청자네요. 이렇게 사막길을 통해서는 청자가 주로 수출되었어요. 낙타가 움직이면 도자기도 덜컹거리기 때문에 그냥 실으면 안 되고 진흙 포장을 했어요. 도자기를 진흙으로 감싸서 포장하는 방법이지요. 튼튼하게 포장을 하고 나면 낙타에 최대한 많이 실어야 해요. 이렇게 포장한 도자기는 현지에 도착하면 물에 담가 조심스럽게 흙을 풀어 내고 다시 도자기를 꺼내야 하는 번거롭고 힘든 과정을 거쳐야 했답니다.

자, 모든 준비가 되었다면 이제 출발할까요?

중국 도자기를 실은 카라반의 출발지는 당나라 수도인 장안이었어요. 장안을 출발한 카라반은 먼저 중국에서 서역으로 나가는 관문인

둔황에 이릅니다. 둔황 석굴로 유명한 곳이지요. 이곳에서는 여행의 안전을 기원하는 상인과 승려들이 기도를 해요.

둔황을 떠나면 '한 번 들어가면 살아서 나오지 못한다.'는 뜻을 지닌 타클라마칸 사막에 들어섭니다. 타클라마칸 사막은 사막길에서 가장 어렵고 위험한 구간이에요. 중국의 현장 법사가 이곳에서 닷새 동안 물 한 모금 마시지 못해 짐을 싣기 위해 샀던 말의 간을 꺼내 먹기도 했을 정도로 힘난한 곳이지요.

어렵게 사막을 통과하면 이번엔 세계의 지붕이라고 하는 파미르 고원이 나타나요. 『왕오천축국전』을 지은 신라의 승려 혜초는 727년에 파미르 고원을 넘기 전 막막한 심정을 아래의 시로 남겼어요.

> 길은 험하고 눈 쌓인 산마루 아스라한데
> 험한 골짜기엔 도적 떼가 길을 트누나.
> 새도 날다 가파른 산에 짐짓 놀라고
> 사람은 기우뚱한 다리 건너기 어렵네.
> 평생 눈물을 훔쳐본 적 없는 나이건만
> 오늘만은 하염없는 눈물을 뿌리는구나.

눈 덮인 파미르 고원을 지나야만 사마르칸트, 부하라 등이 있는 중앙아시아에 도착할 수 있답니다. 다시 길을 떠나 페르시아와 바그다드에 이른 중국 도자기는 이곳의 도기에 많은 영향을 주었어요.

　이어 중국 도자기는 1만 2천 킬로미터에 이르는 길을 2년이 넘게 걸려 마지막 도착지인 콘스탄티노플에 도착합니다. 우리나라에서 당시 이슬람 제국의 중심이었던 터키의 이스탄불까지 비행기로 12시간 정도가 걸리는 오늘날에 비한다면 정말 어렵고 대단한 여행길이지요?

　이번에는 배를 타고 바닷길로 나가 볼까요?

　바닷길을 통해서는 청자와 백자가 모두 수출되었어요. 그 중에서도 단연 청화백자*가 인기였어요. 특히 유럽 사람들은 청화백자에 열광했어요.

　청화백자는 문명 교류의 흔적이 담긴 도자기예요. 청화백자에 쓰이는 푸른색 안료인 코발트가 이슬람 지역에서 수입되었거든요. 그리고 청화백자에 자주 쓰이는 덩굴무늬인 당초문은 생명과 영원을 상징하는 포도 넝쿨 모양이에요. 이는 이집트를 시작으로 그리스, 이슬람을 거쳐 양식화되어 중국에 전해진 것이지요. 또한 청화백자의 여러 가지 모양이 이슬람 지역의 금속기와 아주 비슷해요. 이처럼 청화백자는 이슬람의 안료, 무늬, 모양과 중국의 기술이 결합되어 나타난 도자기였어요. 이를 두고 어떤 학자들은 청화백자를 '이슬람의 유산'이라고도 한답니다.

> **청화백자**
>
> 청화백자는 자토로 모양을 만들고 그 위에 코발트로 문양을 그린 뒤 유약을 입혀 1,300도에서 구워 낸 도자기이다. 청화백자가 처음 만들어진 원나라 때에는 주로 이슬람 지역에 많이 수출되었다. 하지만 곧 이슬람 지역뿐만 아니라 유럽과 아메리카 대륙으로까지 수출된다. 이렇게 청화백자는 아시아, 유럽, 아메리카에 수출된 최초의 세계 무역 상품이었다.

자, 그럼 수출할 청자와 청화백자를 배에 싣고 먼 길을 떠나 볼까요? 먼저 안전하게 수송하기 위해 도자기를 포장해야 해요. 배를 이용할 때에는 낙타와는 다른 방법을 사용했어요. 가장 흔하게 사용한 방법은 도자기를 짚으로 감싸서 포장하고 그 사이에 볍씨를 채워 넣는 방법이었지요. 볍씨는 수분을 흡수하고, 싹이 나면 충격을 완화해서 도자기를 안전하게 운반할 수 있도록 했답니다. 또 다른 방법은 짚을 바닥에 두텁게 깔아 완충제로 사용하고 도자기를 종류별로 20개에서 30개씩 포갠 다음 좌우에 나무 막대 두 개를 이용해 기둥을 만들어 지탱시키고 새끼줄로 단단히 묶는 방법이었어요. 두 방법 모두 웬만한 파도에도 끄떡없이 도자기를 지켜 주었지요.

도자기를 다 실었으면 이제 바다를 향해 떠나요.

도자기를 실은 배의 출발지는 중국 최고의 무역항 천주였어요. 천주를 출발한 배는 남쪽을 향해 항해하여 인도네시아 자카르타에 도착해요. 자카르타에서는 중국

도자기를 짚으로 감싸고 사이에 볍씨를 채워 넣거나 종류별로 나눈 도자기를 나무 막대를 기둥 삼아 단단히 묶어 포장했다.

　　청자를 신비로운 그릇으로 여겨, 곱게 갈아 해독제로 사용하기도 했어요. 지금도 인도네시아에서는 약을 만드는 재료로 도자기의 재료인 고령토가 사용되고 있답니다.
　　자카르타를 출발한 무역선이 도착한 곳은 인도예요. 인도는 카스트 제도가 있어 계급에 따라 그릇을 엄격하게 분리해서 사용했어요. 그뿐인가요? 한 번 사용한 그릇은 반드시 폐기 처분하는 전통이 있었어요. 하지만 중국 도자기는 버리지 않고 모래로 닦아서 사용하는 것은 물론 대를 이어 물려 줄 만큼 귀하게 취급했지요. 현재 인

바닷길을 통해 전 세계로 수출된 중국 도자기는
비단보다 더 넓은 세계를 연결한
최초의 세계 상품이었다.

도의 레드포트 박물관에는 모래로 닦은 흔적이 있는 중국 청자가 전시되어 있답니다.

페르시아만으로 건너간 도자기는 깨지면 철사로 묶어서 수리해서 쓸 만큼 소중한 물건이었어요. 아프리카 대륙에서도 중국 도자기는 그곳의 이슬람 사원을 장식할 만큼 귀한 대접을 받았지요.

한편 16세기 대항해 시대 이후에 중국의 청화백자는 유럽에 전해져 '하얀 금'이라는 말을 들을 정도로 비싼 가격에 팔렸어요. 뿐만 아니라 시누아즈리와 자포니즘이라는 문화 현상도 생겨났어요. 이렇게 중국 도자기에 자극을 받은 유럽 사람들은 자신들이 직접 도자기를 만들기 위해 시도를 하지요. 하지만 번번히 실패하였고, 18세기 초가 되어서야 비로소 도자기를 제작할 수 있게 된답니다.

이처럼 바다를 통해 세계로 뻗어간 중국의 도자기는 가는 곳마다 최고로 귀한 대접을 받으며 그곳에 많은 문화적 영향을 미쳤어요.

우리나라 도자기 역사

Chapter 4

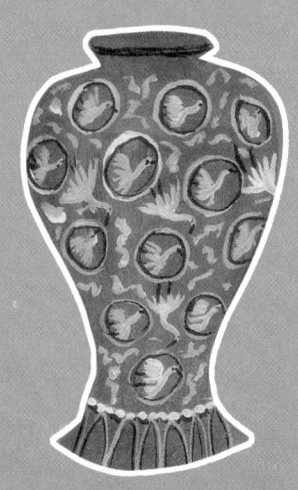

우리에게 도자기는

'혼' 그 자체였다.

철통 보안을 뚫어라!

몇 해 전 신문 기사를 보니 많은 돈을 받고 우리나라 포스코의 철강 제작 관련 기술을 중국에 넘긴 사람들이 잡혔다는 소식이 있었어요. 이 기술이 유출되면서 우리나라 경제에 약 2조 8천억 원의 손해가 예상된다더군요. 또한 삼성전자의 최신 냉장고 핵심 기술을 중국으로 빼돌린 사람들 얘기도 있었고요. 이 기사들을 보면서 나라의 중요한 비밀 기술을 단지 개인의 욕심을 위해 중국에 팔아넘긴 사람들에게 무척 화가 났어요.

하지만 천 년 전 우리나라와 중국은 서로 뒤바뀐 입장이었어요. 당시 중국은 천 년 가까이 도자기 제작 기술을 꽁꽁 간직한 채 세계 도자기 무역을 주도하고 있었어요. 그런데 이런 중국의 철통 같은 보안을 뚫고 도자기 제작 기술을 전수받은 나라가 있었어요. 바로 고려예요. 이로써 우리나라는 세계에서 두 번째로 도자기를 만드는 나라가 되었답니다. 아마 중국 사람들은 도자기 제작 기술이 우리나라로 유출된 것을 알고 무척 화가 났을지도 몰라요.

우리나라 도자기의 탄생

나라의 정세가 혼란했던 통일신라 말기, 왕실은 사치스런 생활을 하면서 국고 낭비가 심했어요. 거기에 왕위 쟁탈전까지 치열하게 벌어졌지요. 자연히 왕권은 약해졌어요. 그 대신 지방의 호족들이 힘을 키워 가고 있었어요. 우리가 잘 아는 궁예, 견훤, 왕건도 이때의 지방 호족들이었어요. 이런 지방의 호족들은 '선종*'이라고 불리는 불교의 한 종파를 받아들였어요. 선사들을 정신적 지주로 모시면서 자신의 세력권 내에 사찰을 세웠지요. 오늘날 구산선문*이라 불리는 남원의 실상사나 장흥의 보림사 등이 이때 세워진 대표적인 사찰이에요.

선종과 구산선문

선종은 중국 양나라 때 달마 대사가 중국에 전한 불교의 한 종파로, 참선을 통한 개인의 깨달음을 중요하게 여겼다. 우리나라에는 신라 중엽에 전해졌다. 구산선문은 통일신라 이후에 불교가 크게 흥할 때 승려들이 달마의 선법을 받아와 그 범절과 풍습을 지켜온 아홉 개의 산문을 말한다.

지방 호족들이 선종을 받아들인 데에는 다 이유가 있었어요. 왕이 될 근거를 줬거든요. 선을 중요하게 여기는 선종은 학식이 부족하더라도 스스로 깨달음을 얻으면 부처가 될 수 있다는 가르침을 강조했어요. 이것이 지방 호족들한테는 스스로 깨달음을 얻은 부처처럼 자신들도 왕이 될 수 있다는 사상적 토대를 마련해 준 것이지요. 즉 신라를 무너뜨리고 새로운 나라를 세워 스스로 왕이 될 수 있다는 것으로 해석한 거예요. 그래서 너도나도 선종을 종교로 받아들였지요.

차와 다기는 스님들의 필수품이다. 차는 참선을 하는 스님들의 정신을 맑게 해 주었고, 다기는 차를 마시기 위한 차 사발이기 때문이다.

선종에서는 참선이라는 수행을 중시해요. 절에서 스님들이 눈을 감고 깊은 묵상을 하거나 기도하는 모습을 본 적이 있을 거예요. 바로 참선을 하고 있는 것인데, 참선할 때 많이 마시는 음료가 '차'예요. 차는 참선 도중에 슬슬 다가오는 졸음을 쫓아 주고 정신을 맑게 해 주어 수행에 도움을 주거든요. 이렇게 차는 스님뿐만 아니라 지방 호족들 사이에서도 크게 유행하게 돼요.

그런데 차를 밥그릇에 마실 수는 없잖아요? 차 사발이 필요했어요. 당시의 차는 찻잎을 말려서 갈아 만든 가루차였어요. 그래서 오늘날 마시는 잔보다는 크고, 대접보다는 작은 '다완'이라는 차 사발에 차를 마셨지요. 하지만 그때까지 우리나라에서는 도기로 된 차 사발밖에는 만들지 못했어요. 그래서 호족들은 비싼 값을 치르고 중국에서 청자 차 사발을 수입해 사용했지요.

차를 마시기 위해 차 사발이 필요했다면 굳이 청자가 아니어도 괜찮지 않을까 하는 생각이 들지요? 하지만 사람들이 도기에 차를 마셔 보니 차의 빛깔도 제대로 보이지 않고 거친 느낌이 들었어요. 게다가 도기는 물을 흡수하는 성질이 있어서 차 사발로 사용하기에는 적당하지 않았어요. 그래서 나무나 칠기, 은 같은 다양한 재료로 만든 그릇에 마셔 보았지요. 하지만 역시 색이 잘 드러나지 않거나 잔이 너무 뜨거워서 아쉬웠어요.

그러다 옥그릇에 차를 마셔 보았어요. 맑은 차색과 옥의 빛깔은 제법 잘 어울렸어요. 하지만 옥은 보석이잖아요! 너무나도 비싸고 그 양도 많지 않았어요. 그때 사람들의 눈에 띈 게 바로 청자였어요. 옥의

> ### 청자와 비슷한 옥
> 중국과 우리나라 사람들은 옥을 몸에 지니는 것만으로도 덕이 높아진다고 믿었다. 그런 옥을 사람의 손으로 만들려고 시도한 것이 바로 청자이다.
> 청자색과 옥색이 비슷한 이유는 철분 함량과 기포 때문이다. 현미경으로 보면 옥과 청자 유약에는 공통적으로 여러 층의 작은 기포들이 있는데 그 기포층에 그릇 본래의 색과 햇빛이 반사되어 아름답고 차분한 옥색이 나오는 것이다.

단점을 보완하면서 옥*과 같은 색깔과 분위기를 낼 수 있었거든요. 귀족들은 너도나도 청자 차 사발을 구해 차를 마셨어요. 그 중에서도 중국 월주요의 청자 차 사발이 단연 으뜸으로 대접받았지요.

호족들의 싸움에서 이겨 고려를 세운 왕건과 고려의 귀족들은 중국의 청자 차 사발을 매우 좋아했어요. 하지만 중국에서 청자를 수입해서 사용하다 보니 언제나 수량이 달렸어요. 그래서 고려는 중국에 의존하던 청자 차 사발을 스스로 만들기로 했어요.

그런데 마침 중국에서는 송나라가 세워지면서 오월국이 혼란스러워졌어요. 오월국은 청자를 만드는 가마인 월주요를 장악하고 있던 나라예요. 그런데 나라가 혼란스러워지니 도자기를 만드는 월주요의 사기장들이 중국 각 지역으로 흩어지고 말았어요. 청자 차 사발 제작을 위해 노력하던 고려는 이 기회를 놓치지 않았지요. 사람들을 비밀리에 보내 월주요의 사기장들에게 후한 대접을 제시하고 고려로 몰래 데려왔어요. 이렇게 해서 중국이 천 년 가까이 독점하던 도자기 제작 기술이 고려로 전해지게 되었어요.

월주요의 사기장들은 고려의 수도 개성 주변에 가마를 지었어요.

황해도 배천 원산리, 경기도 시흥 방산동, 경기도 용인 서리 등이 이들이 가마를 지은 곳이에요. 하지만 이곳에서 만든 청자는 흙이 적합하지 않아 황갈색을 띠었어요.

이 무렵에 생산했을 청자가 최근에 황해도 배천 원산리 가마에서 발견되었어요. 이 청자는 '순화 3년'이라고 새겨진 제사용 그릇인데, 현재 우리나라에서 만든 것 중 가장 오래된 청자예요. 또한 청자순화4년명항아리*도 여기에서 생산된 것이에요. 둘 다 황갈색을 띠고 있지요. 청자라고 하면서 왜 색깔이 황갈색이냐고요? 이때까지만 해도 푸른빛이 나는 청자를 만들지 못했던 거예요.

청자순화4년명항아리

높이 35.2센티미터, 입지름 20센티미터, 밑지름 6.8센티미터로 황갈색을 띠고 있으며 항아리의 굽 밑에 글이 음각으로 새겨져 있다. 고려 태조의 제사를 올릴 때 태묘의 제1실에서 쓴 제사용 그릇이다. 보물 237호로 지정되었다.

그러다가 마침내 푸른빛이 도는 청자를 만들어 내요. 그 시기는 거란이 침입하면서부터였답니다.

고려 왕실은 거란을 피해 전라도 나주로 피신을 했어요. 부족한 그릇들을 굽기 위해 강진, 고창, 부안 등에 가마를 지었지요. 흙도 이곳의 흙을 사용했고요. 그랬더니 그제야 푸른빛이 나는 제대로 된 청자가 나왔어요.

다른 곳에서는 그토록 푸른빛이 나지 않더니 왜 강진, 고창, 부안의 흙으로 빚은 청자는 아름다운 푸른빛이 난 걸까요? 그것은 흙 속에 있는 한 가지 성분 때문이었어요. 0.1그램이라는 작은 차이와 섭

씨 1도의 온도에도 미세하게 다른 색을 나타내는 그것은 바로 '철'이었어요.

철은 지구에서 가장 풍부한 금속이에요. 어찌나 흔한지 대부분의 흙 속에도 거의 들어 있어요. 바위나 흙이 어두운 색을 띠는 것도 바로 철이 포함되어 있기 때문이지요. 철이 얼마나 포함되어 있느냐에 따라 구워 내는 그릇 색도 달라지는 거예요. 과학이 발달한 지금은 최첨단 실험실에서 성분 분석을 하면 금방 철분의 양을 알고 그 분량을 조절할 수도 있지만, 고려 시대에는 별다른 도리가 없었어요. 오로지 직접 청자를 구워 보면서 흙 속에 들어 있는 철분의 양을 가늠했지요.

오늘날 최첨단 실험으로 알아보니 가장 좋은 청자의 빛깔은 철분이 약 3퍼센트 포함되어 있을 때 나타난대요. 그보다 적으면 연두색에 가까워지고 그보다 많으면 어두운 녹색이 되고요. 그리고 8퍼센트까지 이르면 갈색을 띠게 되지요.

청자순화4년명항아리는 철분의 함유량이 너무 많아서 갈색이 되어 버린 거예요. 그런데 강진 등의 지역에서 나는 흙에는 철분이 3퍼센트 정도 들어

▲ 청자순화4년명항아리
ⓒ이화여자대학교 박물관

있어서 청자를 만들기에 안성맞춤이었던 것이지요.

    이렇게 푸른빛이 나는 제대로 된 청자를 본격적으로 만들게 되면서 우리나라는 드디어 세계 두 번째 도자기 생산국이 되었답니다.

하늘빛보다 고운 청자

시대마다, 나라마다 유행하는 도자기가 다르듯 우리나라에서도 각 시대마다 유행하는 도자기가 달랐어요. 고려 시대에는 청자가, 조선 시대에

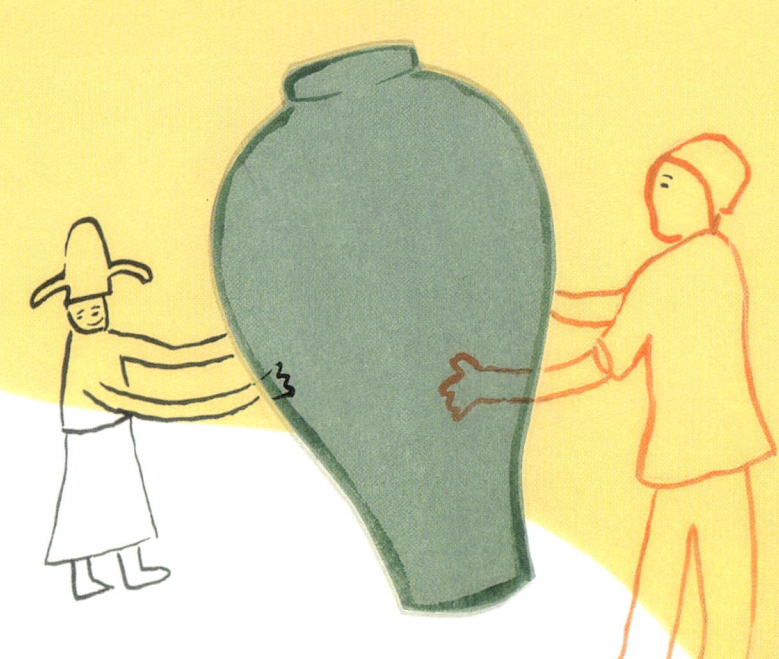

는 백자가 유행했지요. 그러다 보니 오해를 많이 해요. 고려 시대에는 청자만 만들었고, 조선 시대에는 백자만 만들었다고요. 하지만 우리나라는 고려 시대 때부터 청자와 백자를 모두 만들었어요. 다만, 고려 시대에는 청자를, 조선 시대에는 백자를 주로 생산했을 뿐이에요.

왜 이렇게 시대에 따라 다른 도자기가 유행했을까요? 그건 바로 시대마다 사람들의 생각과 생활이 달랐기 때문이에요.

그렇다면 고려 시대에는 왜 청자가 유행했을까요? 그것 역시 고려 시대 사람들의 생활과 관련이 깊어요.

통일신라 말기인 9세기쯤 널리 퍼진 선종의 영향으로 차 문화가 발달하고, 거기에 당나라에 공부하러 갔던 유학생들과 승려들이 차와 차 사발을 가지고 들어오지요. 828년에는 당나라에 사신으로 갔던 대렴이 차나무를 가지고 들어와 심으면서 본격적으로 차를 생산할 수 있게 되어요. 하지만 차에 가장 잘 어울리는 청자 차 사발만은 여전히 수입해야만 했지요.

그러다가 고려로 넘어오면서 스스로 청자를 만들어 내게 된 거예요. 이때부터 많은 청자가 만들어졌고, 특히 청자 차 사발이 가장 많이 만들어져요. 불교를 믿고 차를 좋아하던 고려 사람들에게 청자가 제격이었던 것이지요. 이것 말고도 고려 사람들이 청자를 선택한 이유는 또 있었어요. 고려 사람들은 청자와 색이 비슷한 청동기를 동경해 청동기 시대 때에 사용했던 제사 용구나 의식 도구를 색이 비슷한 청자로 만들었어요. 중국에서도 청동기 시대에 사용했던 제기를 모방하여 청자로 된 제기를 만든 사례가 많아요. 두 나라 다 청동기 역사가 있기 때문이지요. 하지만 유럽은 청자보다 백자를 더 선호해요. 아무래도 청동기 역사를 가지고 있지 않은 유럽의 문화적 특성이라고 할 수 있어요.

그러니까 고려 시대에는 청자와 백자를 모두 만들 수 있었지만 사람들이 청자를 좋아하니까 청자 위주로 만들고, 더욱 세련되게 발전시킨 거예요. 백자는 반대로 사는 사람도 없고 질이 낮은 것만 만들어졌고요. 그러는 사이 고려 하면 떠오르는 도자기가 청자로 굳어졌지요.

특히 12세기에서 13세기 전반까지 150년 동안은 우리나라 청자의 황금기였어요. 이때 국보나 보물급 고려청자가 가장 많이 만들어졌지요. 고려 특유의 비색청자가 다양하게 만들어졌고, 일찍이 세계 어느 민족도 흉내 내지 못한 상감청자도 이때 나타나요. 또한 세계 최초로 도자기에 붉은색을 내는 기술을 개발하여 도자기 종주국인 중국의 코를 납작하게 하기도 했지요.

▲ 청자물가풍경무늬정병
ⓒ국립중앙박물관

하지만 13세기 중반 중국 원나라의 지배

를 받으면서 고려청자는 힘이 약해져요. 원나라 편에 서서 새롭게 권력을 잡은 권문세족이 등장하고 그동안 고려청자를 아끼고 후원하던 고려 왕족과 귀족들의 세력이 약해지면서 고려청자를 만들기 위한 막대한 후원이 끊어져 버렸거든요.

새로운 권문세족은 원나라의 문화를 적극적으로 받아들였어요. 그런데 원나라는 청자보다는 백자를 더 좋아했어요. 권문세족이 고려청자보다 원나라의 청화백자를 더 아끼게 된 것은 불을 보듯 뻔한 일이었지요.

자연스레 고려청자의 수요와 생산은 줄어들게 되었어요. 왕실의 후원이 끊기자 사기장들이 좀 더 손쉬운 방법으로 청자를 제작하면서 고려청자의 질도 낮아졌지요.

생각 발전소

고려만이 낼 수 있었던 최고의 청자 기술

■ 비색청자

비색은 옥의 색깔, 즉 비취색을 말한다. 고려청자의 유약은 투명해서 태토의 색이 비쳤다. 또한 얇고 투명한 유약에는 수많은 기포가 있어 빛이 다양하게 반사되면서 투명한 비색의 청자가 나올 수 있었다. 그러나 중국의 청자는 불투명한 유약 때문에 색도 맑지 않을 뿐만 아니라 태토에 그려진 문양 또한 드러나지 않았다. 청자 종주국인 중국에서도 볼 수 없었던 비색을 고려에서 만든 것이다. 옥의 색을 띤다는 말은 옥을 닮고자 했던 청자가 얻을 수 있는 최고의 영예였다.

■ 상감청자

상감 기법은 어느 나라에서도 찾아볼 수 없는 우리 고유의 도자기 기술이다. 상감 기법은 기존의 음·양각 기법에 비해 색상이 선명하고 화려하며 예쁘다. 또한 무늬를 강조하기 위해 더욱 더 얇게 유약을 발라 청자 표면에 가는 금이 많아졌다. 이 유약 층을 자세히 살펴보면 많은 기포가 있는데 이 기포에 빛이 부딪히면서 반사 작용을 일으켜 독특한 색이 나오게 된다.

상감청자는 특히 무신정권 시대에 유행했다. 중국의 것을 무조건 따르려고 했던 그 이전의 지배 세력과는 달리 새로 정권을 잡은 무신들은 정치적으로 중국을 벗어나 자주적이고 주체적으로 고려를 이끌고자 애썼다. 정치적 성향이 달라지면 문화 또한 그에 걸맞게 변화하고, 이때 만들어진 고려청자 역시 이런 정서를 담고 있다.

모양도 기존의 단정한 형태에서 벗어나 유려한 곡선을 강조했다. 도판이나 팽이 모양 잔, 야외용 의자, 청자 베개까지, 그동안 볼 수 없었던 다양한 형태들이 많이 등장했다. 자연 속 삶을 찬양하는 도교 사상의 영향으로 자연 소재인 국화, 구름, 학 무늬도 유행했다. 특히 구름과 학 무늬는 청자의 표면을 하늘인 양 훨훨 나는 학을 표현하여 상감청자의 아름다움을 아주 잘 드러내고 있다. 이외에도 연못가 수양버들, 물고기, 포도 넝쿨 같은 무늬도 많은 사랑을 받았다.

개성 강한 도자기, 분청사기

아래에 도자기는 현재, 일본 오사카 시립 동양 도자 미술관에 전시되어 있는 조선 시대 도자기예요.

도자기 빛깔을 보니 백자인 것 같아요. 하지만 이 자기는 겉으로 보기에는 백자처럼 보이지만 백자가 아니에요. 그럼 청자냐고요? 에

이, 빛깔을 보면 확실히 청자는 아니잖아요. 이렇게 청자도 백자도 아닌 도자기를 '분청사기'라고 해요.

원나라가 고려를 지배하고 나서부터 고려청자의 질이 급격히 낮아졌어요. 이것을 극복하기 위해 등장한 도자기가 바로 분청사기예요.

분청사기의 원래 이름은 '분장회청사기'예요. 마치 잡티를 가리기 위해 화장을 하듯 질이 낮은 태토를 감추기 위해 백색의 흙으로 분장을 해서 만든 도자기란 뜻이지요. 일제 강점기 때 고유섭이 이름도 없이 전해지던 이 도자기에 분청사기라는 이름을 지어 주었어요.

어떤 학자는 청자의 명맥을 잇고 있다는 뜻을 담아 분청사기를 '분청자'라고 부르기도 해요.

질 낮은 태토를 숨기기 위해 등장했다고 해서 분청사기 자체를 질 낮은 것으로 오해하지는 마세요. 조선 왕실에서 사용하던 고급 분청사기도 많았으니까요.

분청사기는 영어로도 '분청웨어(Bunchung ware)'라고 쓸 만큼 우리나라에서만 볼 수 있는 독특한 기법의 도자기예요. 더욱 놀라운 게 뭔지 아세요? 분청사기가 600년 전 작품이라고 하기에는 너무나 현대적인 감각의 기법과 문양을 가지고 있다는 거예요. 고려 말부터 조선 초까지 300여 년 간 다양하게 만들어진 분청사기는 그 전에 볼 수 없었던 여러 가지 다양한 형태와 문양을 시도하면서 도자기의 새로운 문을 활짝 열어 주었어요. 아마 국가에서 지정한 곳에서만 생산한 청자나 백자와 달리 전국에 흩어져 있던 사기장들이 각자 지방색과 개성을 살려 자유롭게 만들었기 때문일 거예요. 그래서 가장 한국적인 도자기로 분청사기를 꼽는 분들도 많답니다.

하지만 조선 왕실이 백자를 선택하면서 안타깝게도 분청사기는 쇠퇴의 길을 걷다가 16세기 후반에는 자취를 감춰 버려요.

▲ 분청사기용무늬항아리
ⓒ국립중앙박물관

달덩어리 같은 백자

　　조선은 초기에 유행한 분청사기를 버리고 백자를 선택해요. 조선은 왜 백자를 선택했을까요?
　　조선은 불교를 숭상했던 고려와 달리 유교를 통치의 근본으로 해서 세워진 나라였어요. 유교의 가르침대로 지배층인 왕실과 사대부도 검소하고 청렴한 생활을 하겠다는 목표를 세웠지요. 하얀 빛깔 백자는 이런 유교의 정신과 잘 어울렸어요.
　　무엇보다 새로운 나라 조선은 고려와 다르다는 걸 강조하고 싶었어요. 초기에 유행하던 분청사기를 버린 이유도 분청사기가 분장만 했을 뿐 청자의 맥을 잇는 고려의 문화라고 생각했기 때문이에요. 그래서 조선은 고려 문화의 중심이었던 청자와 색이 완전히 다른 백자를 새로운 문화의 중심으로 선택했어요.
　　여기에 명나라의 영향도 컸지요. 조선이 건국할 즈음 중국은 명나라가 다스리고 있었어요. 조선은 그런 명나라를 섬기고 있었고요. 명나라는 조선의 문화에 막대한 영향을 끼치고 있었지요. 중국은 원나라 때부터 청자보다는 백자를 더 선호했고, 청화백자를 만들어 세계로 수

▲ 청화백자매죽문호
ⓒ국립중앙박물관

출하고 있었어요. 조선 초 명나라에서 들어오는 도자기의 대부분은 명나라 징더전에 세워진 황실 전용 가마에서 만든 최고 품질의 청화백자였지요. 분청사기만을 보았던 조선의 왕실과 사대부들은 청화백자의 매력에 푹 빠져들고 말았어요. 청화백자에 매료된 조선은 스스로 청화백자를 만들려는 시도를 하게 된답니다.

그렇지만 처음부터 좋은 품질의 백자를 쉽게 만들 순 없었어요. 아다시피 고려 시대에는 청자를, 그 이후에는 분청사기를 주로 만드느라 백자를 만드는 기술력과 비법은 아직 많이 부족했으니까요.

조선이 백자를 만들 수 있는 기틀을 마련한 건 세종대왕 때였어요. 『세종실록지리지』에 나온 '도자기' 부분은 대대적인 조사를 통해 전국의 도자기 생산을 파악한 자료예요. 조선을 8도로 나누어 지역별로 자기소와 도기소를 구분해 도자기의 품질에 따라 상, 중, 하로 나누어 정리해 놓았어요. 세종대왕은 이렇게 도자기에 관련된 전국적인 자료를 만든 것과 동시에 임금이 사용하는 그릇으로 백자를 쓰라는 명령을 내렸어요. 드디어 백자가 조선 왕실의 그릇이 된 것이지요.

세종대왕의 노력 덕분에 백자를 만들기 위한 기틀이 마련된 후 세조 때 조선은 더 뛰어난 백자의 생산과 관리를 위해 분원을 설치해요.

분원*은 조선 시대 국영 도자기 공장이라 할 수 있어요. 이 분원은 왕실의 음식을 담당하던 사옹원에 설치되었고, 이후 나라에서 직접 도자기 생산을 관리하지요.

그러자 15세기 후반부터는 아주 질 좋은 백자가 본격적으로 생산되기 시작해요. 특히 우수한 청화백자가 많이 만들어졌어요. 이에 따라 분청사기는 서서히 생산이 줄어들었고, 임진왜란 전에 조선에서 사라져 버려요.

그런데 임진왜란과 병자호란을 겪으면서 조선의 백자 생산은 위기를 겪어요. 사기장들은 모두 일본으로 잡혀갔고 가마가 파괴되어 버렸기 때문이지요. 심지어 왕실 제사에 쓰일 그릇이 모자란다고 기록되어 있을 정도예요.

전쟁으로 혼란스러웠던 조선은 영·정조 시기에 다시 안정되어 화려한 문화를 꽃피워요. 실학이 발전하고 정선, 김홍도, 신윤복 등의 화가들이 활약하지요. 또한 영·정조의 관심과 지원 속에서 분원이 다시 정비되어 도자기도 크게 발전해요. 가장 아름다운 청화백자가 만들어진 것도 바로 이 시기예요.

그러나 정조 이후 당파 싸움과 세도 정치로 인해 나라는 다시 혼란

> **분원**
>
> '분원'은 조선의 국영 도자기 공장이다. 고려 때에는 각 도에서 도자기를 생산하고, 관리 감독했지만 조선은 왕실과 왕족들이 중심이 되어 분원을 설치하여 도자기 생산을 나라에서 직접 관리했다. 분원으로 선택된 곳은 광주였다. 이곳은 나무가 아주 무성해 연료 공급이 쉬웠고, 질 좋은 고령토도 많이 생산되었다. 또한 한강이 이어져 있어서 도자기를 운반할 때 배를 사용하기에도 좋았다. 위치 상 서울과도 가까워 분원으로 안성맞춤이었다.

속에 빠지고 말았어요. 이런 상황 속에서 서서히 분원에 대한 왕실의 지원이 끊어지기 시작했고, 1884년에는 아예 국영 도자기 공장으로 운영하던 분원을 폐쇄해 버렸어요. 이후 일반 상인들이 분원을 운영하기는 했지만 적극적인 지원이 없었던 터라 도자기의 질이 낮아졌어요. 왕실과 사대부들은 청나라와 일본의 질 좋은 도자기에 빠져 있었고요.

특히 개항 이후에는 공장에서 대량으로 생산되어 값이 싼 일본 도자기가 밀려오면서 우리나라의 도자기는 찬란했던 도자기 역사의 뒤편으로 사라져 버리고 말았답니다.

세계에서 인정받은 우리 도자기

　우리나라 도자기는 해외에서 어느 정도의 평가를 받을까요? 우리만 우리의 도자기가 대단하다고 생각하는 것은 아닐까요? 절대 아니에요. 옛날에도 그렇고 오늘날에도 우리나라의 도자기는 세계적으로 인정받고 있는 최고의 예술품이랍니다.

　먼저 고려 시대의 청자를 살펴볼까요?

　중국 송나라 사절단의 수행원이던 '서긍'이라는 사람이 고려를 다녀간 후 1123년에 쓴 『선화봉사고려도경』에는 '고려청자가 근년에 들어와서 제작이 공교해졌다.', '색이 아름다워 고려인 스스로 비색이라 부른다.'라고 말하며 고려의 비색청자에 감탄했어요. 또한 송나라 태평 노인이 쓴 중국 상류 사회에서 유행하던 천하일품을 소개하는 『수중금』에는 중국 청자를 제치고 '고려청자의 비색이 천하제일'이라고 했지요. 이처럼 비색청자는 고려 시대 당시에 이미 청자 최고의 아름다운 색을 보여 주었다는 평가를 받았어요.

　그중에서도 상감청자는 우리나라를 대표하는 최고의 청자이지요. 상감청자의 상감 기법은 어느 나라에서도 찾아볼 수 없는 우리

고유의 도자기 기술이에요. 종류가 서로 다른 흙을 이용해 도자기를 만들었으니까요. 종류가 서로 다른 흙으로 도자기를 만들어 구우면 흙들 사이에 늘어나고 줄어드는 비율이 서로 달라 도자기에 쉽게 금이 가요. 그런데 금이 가기는커녕 너무나 완벽하고 멋진 도자기가 만들어졌으니, 당시 고려의 사기장들이 얼마나 자유자재로 여러 종류의 흙을 다룰 수 있었는지 알 수 있지요. 이런 기술력이 있었기에 세계 어디에서도 만들 수 없었던 상감청자를 만들 수 있었던 거예요.

▼신안 앞바다 무역선에서 발견된 고려청자들
ⓒ국립중앙박물관

『고려사』에는 이런 비색청자와 상감청자를 중국, 일본, 태국, 베트남, 인도, 아라비아에까지 수출했다고 나와 있어요. 특히 송나라와 원나라의 유적지에서 고려청자가 출토되었는데 이것은 고려청자의 우수성이 도자기 종주국인 중국에서도 인정받았다는 사실을 보여 줘요.

더욱 놀라운 사실은 14세기 신안 앞바다에

서 난파한 무역선 발견으로 알려졌어요. 이 배는 중국에서 일본으로 가던 무역선이었어요. 청자 3만 점을 싣고 가던 중 난파되었는데, 그 안에서 고려청자 7점이 발견되었어요. 중국으로 수출된 고려청자가 골동품이 되어 일본으로 다시 수출*된 것이지요. 당시 얼마나 고려청자를 귀하게 여겼는지를 알겠지요?

> **일본에서 분청사기의 인기**
>
> 분청사기는 임진왜란이 일어난 즈음 일본에서 차 사발로 아주 인기가 좋았다. 일본의 차 문화에 어울리는 소박한 아름다움 때문이었다. 당시 조선은 백자만을 만들었는데 일본의 간절한 요청으로 차 사발로 쓰일 분청사기를 만들어 주었다. 이렇게 수출된 분청사기 중에는 현재 일본의 문화재로 지정된 것도 있다.

또한 영국의 유명한 도예가인 버나드 리치는 "20세기 현대 도예가 나아갈 길은 조선 시대 분청사기가 이미 다했다. 우리는 그것을 목표로 해서 나가야 한다."고 말했어요. 이렇듯 분청사기는 전통 도예와 현대 도예 사이의 틈을 좁힐 수 있는 해결 방안으로 높이 평가받고 있어요. 전통 요소와 현대적인 감각을 동시에 표현할 수 있는 이점이 있기 때문이지요.

　　조선 시대의 백자는 어떨까요? 일본에서 차 사발로 분청사기보다 더 인기 있는 그릇이 바로 '이도다완'이었어요. 이도다완은 진주 지방에서 만든 것으로 추정되는 백자 사발이에요. 이도다완 중 하나인 '기좌이몽 이도다완'은 일본의 국보로 지정되어 있어요. 그 외에도 많은 이도다완이 일본의 보물로 지정되어 있답니다. 일본에서는 '조선 사발 하나는 오사카 성과도 바꾸지 않는다.'라는 말이 있을 정도로 우리나라 도자기를 아주 소중하게 여겼어요.

2005년, 런던 크리스티 경매에서 중국 도자기가 팔리기 전까지 세상에서 가장 비싸게 팔린 도자기가 바로 우리나라 백자예요.

또한 현재 우리나라의 도자기는 뉴욕 메트로폴리탄 미술관, 런던 대영 박물관, 도쿄 국립박물관 등 세계 각지의 유명 박물관에서 최고의 작품으로 인정받으며 전시되고 있어요. 우리 옛 도자기들은 예나 지금이나 예술성과 기술성에서 최고라는 소리를 들어요. 그

럴수록 경제적인 가치도 엄청나게 커지고 있답니다.

그뿐 아니에요. 요즘 우리나라에서 만들어지는 도자기들도 이제 서서히 그 가치를 인정받기 시작하고 있어요*. 우리나라 사기장들은 지금 일제 강점기 이후 사라져 버린 전통 도자기를 되살리고 현대적으로 만들기 위해 한창 노력 중이에요. 그리고 여러 도자기 회사들이 유럽 도자기에 뒤지지 않는 산업 도자기를 만들고 있지요.

세계 두 번째의 도자기 생산국이라는 자부심을 새롭게 되새길 때가 된 거예요.

> **세계에서 가치를 인정 받는 백자**
>
> 1996년 뉴욕 크리스티 경매에서 조선 시대의 '청화백자용무늬항아리'가 무려 842만 달러에 낙찰되었다. 또한 1994년 크리스티 경매에서 팔린 조선 시대 '청화백자보상당초문접시'는 308만 달러에 팔렸다. 이와 같이 우리나라 도자기는 세계 경매 시장에서 엄청난 가격에 거래될 정도로 그 가치를 인정받고 있다.

일본에서는 분청사기는 물론 이도다완이라는 백자까지 우리나라 도자기를 아주 귀하게 여겼다.

임진왜란 후 시작된 일본의 도자기 역사

16세기 말 도요토미 히데요시는 일본 안에서 일어났던 오랜 전쟁을 끝내고 일본을 통일했어요. 이즈음 일본에서는 다도가 유행하고 있었지요. 다도 모임에 참여한다는 것은 곧 부와 명예를 나타내는 증거였어요.

　이렇게 다도를 즐기며 조선의 도자기에 열광하던 일본은 1592년에 임진왜란을 일으켰어요. 일본인들은 임진왜란을 '도자기 전쟁'이라고도 해요. 왜냐하면 전쟁 중에 조선 사기장의 거의 전부나 마찬가지인 천여 명을 일본으로 데려가 조선의 도자기 제작 기술을 빼앗았기 때문이에요.

　그리고 1616년에 일본에 끌려간 사기장 가운데 한 명인 이삼평이 아리타에서 백자를 만들면서 일본 도자기의 역사가 시작돼요. 지금까지도 아리타는 일본 도자기의 고향으로 이름을 떨치고 있어요. 일본인들은 이삼평을 기리기 위해 비를 세우고 1917년부터 지금까지 해마다 제사를 지내고 있지요. 하지만 슬프게도 일본 도자기의 시조가 조선

일본의 도자기를 상징하는 단어는 '이마리'이다.
이마리는 도자기를 실어 나르던 항구였다.
물건을 싣던 항구의 이름만을 기억하는 유럽 선원들에 의해
유럽에서 일본의 도자기는 이마리로 불리게 되었다.

사기장임을 아는 우리나라 사람들은 그리 많지 않답니다.

그 후 일본은 중국 징더전의 채색자기 기법을 받아들였고, 1650년 이후 화려한 채색자기인 '이로에자기'를 만들어 내요. 특히 붉은색으로 장식된 일본 특유의 채색자기는 나중에 유럽에서 아주 큰 인기를 얻게 되지요.

일본이 백자를 만들고 중국의 채색 기법을 도입하던 시기는 중국이 명나라에서 청나라로 교체되던 혼란스런 때였어요. 전쟁으로 중국의 징더전이 불타고 도자기 생산이 어려워지자 청나라는 도자기 수출을 금지해요. 이에 따라 당시 주로 징더전의 청화백자를 유럽으로 가져가 큰 이익을 얻고 있던 네덜란드 동인도 회사는 새로운 도자기의 생산지를 찾아 나서지요. 당시 우리나라 조선도 연이은 전쟁으로 도자기를 제대로 생산할 수 있는 상황이 아니었어요. 그래서 도자기 생산을 막 시작한 일본의 아리타가 유럽을 위한 새로운 도자기 생산지로 떠올랐지요.

이제 일본은 백자를 생산한 지 30여 년 만인 1653년, 네덜란드 동인도 회사의 주문을 받아 도자기 수출을 시작해요. 1659년에는 5만 6천7백 개라는 많은 주문을 받게 되지요. 일본은 1750년대까지 100여 년 간 도자기를 수출하여 엄청난 돈을 벌어들였고, 경제 대국으로 성장할 수 있었답니다.

이렇게 일본은 도자기 기술을 전파해 준 조선과는 많이 다른 길을 가요. 16세기 대항해 시대 이후 교역량이 엄청나게 커진 도자기 시장에서 오랜 도자기 생산의 역사와 문화를 가지고 있던 조선은 아무런 역할도 하지 못했어요. 하지만 일본은 도자기를 비싸게 팔 수 있다는 사실을 깨닫고 도자기를 만들어 팔았어요. 세계 흐름을 민감하게 느끼고 도자기의 상품화를 빠르게 이루어 낸 것이지요.

역사에서 만약이라는 것이 없다지만 도자기 전쟁을 치르면서 우리의 미래가 일본과 바뀐 것 같아 아쉬운 마음이 너무 크네요.

도자기가 만든 세계 문화

Chapter 5

유럽으로 수출된 도자기는

유럽의 **예술 세계**를

한층 드높여 주었다.

동양의 녹차 문화

아주 오랜 옛날에는 약초로 쓰였던 녹차를 음료처럼 마시게 된 건 중국 당나라 때부터예요. 당나라 이전까지는 찻그릇과 밥그릇을 굳이 따로 두지 않고 사용했어요. 당나라 때 이르러 사람들이 차를 즐겨 마시기 시작하면서부터 여러 가지 도자기 찻그릇이 생겨났지요.

육우라는 사람은 『다경』에서 '잔은 월주요의 것이 가장 좋다. 월주요의 자기는 옥과 비슷하다.'라고 썼어요. 이처럼 당나라 사람들은 월주요에서 나는 청자 차 사발을 최고로 여겼어요. 우리나라 통일신라 말기 호족들 사이에서도 이 월주요의 청자 차 사발이 유행했고요.

송나라 때에는 차 색깔을 선명하게 감상할 수 있는 검은색을 띤 '건잔'이 인기를 얻었어요. 건잔이란 중국 복건성의 건요에서 만든 차 사발이란 뜻이에요. 건잔은 처음에는 일반 백성들이 사용하던 평범한 그릇이었어요. 그런데 차를 좋아하는 송나라 사람들의 눈에 띄어 귀족들의 귀한 차 사발로 쓰이게 되었지요. 일본에서는 이 건잔을 '천목다완'이라고 불러요.

한편 명나라 때가 되면 차 문화에 큰 변화가 생겨요. 그 전까지는 가루차*를 주로 마셨는데 명나라 태조가 백성들을 위해 가루차 대신에 잎차를 진상하도록 명했기 때문이에요. 가루차는 만드는 과정이 복잡하고 까다로워 백성들의 고생이 이만저만이 아니었거든요.

그리하여 명나라 때부터는 찻잎을 우려 마시게 되었어요. 그런데 뚜껑이 없는 차 사발이나 찻잔은 차가 충분히 우러나지 않아 향이 잘 퍼지지 않고 보온도 잘 되지 않았어요. 그래서 중국 의흥 지방의 자줏빛 흙으로 빚은 '자사호'를 사용하게 돼요. 자사호는 차를 우릴 때 사용하는 조그마한 그릇이에요. 뚜껑이 있어 보온이 잘 되고 맛과 향도 제대로 살아났지요.

이처럼 중국은 각 시대마다 독특한 차 문화가 발달했고, 그에 따라 차 사발과 차 도구도 발전했어요. 중국의 차 문화가 중국 도자기의 발전을 이끄는 큰 힘이었던 거예요.

차 문화는 일본에도 전해졌어요. 일본에는 729년 승려인 사이조우 선사가 차를 처음 소개했어요. 이후 일본 최초의 선종 사찰을 세운 승려 에이사이가 송나라에 갔다가 귀국하던 1191년에 차 종자를 가져오고 『끽다양생기』를 저술해서 일본에 차 문화를 전파시켰어요. 처음에는 사찰이나 궁중에서 차를 즐겨 마시다가 차차 선종을 믿는 무사들

모양에 따른 차 분류

잎차(엽차) : 찻잎 본래의 모양을 유지한 차로, 주로 한국과 중국에서 많이 마신다.

가루차(말차) : 증기로 쪄낸 찻잎을 그늘에 말리고 갈아서 분말 형태로 만든 차로, 일본에서 주로 마신다.

고형차(병차) : 증기를 이용해 익힌 찻잎을 절구에 넣어 찧은 후 틀에 넣어 모양을 만든 차이다.

화려한 서원다도에 반대하여 생긴 와비다도는 작은 초가를 본떠 만든 다실에서 차를 마시며 마음을 편안하게 하는 다도이다.

사이에 퍼지기 시작했지요.

특히 각 지역의 영주들이 치열한 영토 싸움을 벌였던 무로마치 시대 말기에 차가 크게 성행하면서 일본 특유의 '다도'가 생겨나기 시작했어요. 영주들의 집회 장소로 사용된 서원의 넓은 방을 다실로 활용하였기 때문에 이 시기의 다도를 '서원다도'라고 해요. 서원다도는 다실을 화려한 중국의 글과 그림, 도자기로 장식하고, 중국의 건잔인 '천목다완'으로 차를 마시는 호화스러운 다도였답니다.

그 후 임진왜란을 일으킨 도요토미 히데요시의 차 스승인 센 리큐가 화려한 서원다도에 반대하여 소박한 '와비다도'를 만들어요. 와비다도는 작은 초가를 본떠 만든 다실에서 고요히 차를 마시며 마음을 편안하게 하는 다도예요. 이에 따라 소박하면서도 자연스러운 아름다움을 담고 있는 조선의 차 사발이 최고로 인기를 끌지요. 그 중에서도 분청사기와 이도다완이 특히 소중하게 여겨졌어요.

이처럼 일본에서는 다도라는 특별한 격식을 가진 차 문화가 형성되었고 거기에 맞는 다기들이 발전했어요.

우리나라는 신라 선덕여왕 때 차를 마셨다는 기록이 있어요. 그 후 828년, 대렴이 차 종자를 가지고 오면서 본격적인 차 문화가 시작되지요. 이후 통일신라 말기 선종의 도입으로 차를 마시는 것이 크게 유행하면서 중국의 월주요 청자 차 사발을 수입해서 사용해요.

하지만 우리나라 차 문화의 전성기는 고려 시대예요. 왕과 귀족, 관리뿐만 아니라 일반 백성들 모두가 일상생활에서 차를 마셨어요. 차를 주관하는 관청인 '다방'이 있어 조정에서 차를 대접하는 의식이나 왕이 행차할 때 차 대접을 담당했어요. 또한 나라의 큰 행사인 팔관회와 연등회 때에는 부처님께 차를 바치는 의식도 있었지요. 거리에는 일반 백성들이 차를 사서 마실 수 있는 오늘날의 찻집과 비슷한 '다점'이 있었어요. 심지어 제사를 지낼 때에도 차를 제사상에 올렸어요. '차례', '다반사'라는 말도 이때 생겼어요. 그만큼 차가 생활 깊이 자리 잡았다는 것이지요. 이러한 차 문화는 고려청자를 발전시킨 원동력이 되었어요.

　하지만 조선 시대에는 불교와 관련된 것이 금지되면서 차 문화도 쇠퇴해요. 산속에 사는 승려와 일부 유학자들 외에는 차를 즐기지 않았어요. 겨우 명맥만 유지되는 정도였지요. 제사를 지낼 때에도 차 대신 요즘처럼 술을 올렸어요. 그나마 『동다송』을 지은 초의선사, 다산 정약용, 추사 김정희가 차를 무척 즐겨 조선 시대 차 문화의 명맥을 겨

우 이을 수 있었지요. 이에 따라 조선 시대에는 차 도구가 많이 만들어지진 않았어요.

    이처럼 도자기는 한 나라의 차 문화가 어떻게 발달하느냐에 따라 다르게 발전했어요. 그래서 차와 도자기에는 그 나라의 문화와 정신이 담겨져 있다고 하는 거예요.

고려는 차를 담당하는 관청을 따로 두었던 것은 물론
나라의 큰 행사인 팔관회와 연등회 때에도
차를 바치는 의식이 있었고, 찻집도 있었다.
조선 시대에는 제사를 지낼 때에도
차 대신 술을 올렸다.

서양의 홍차 문화

차가 유럽에 처음으로 전해진 것은 1610년, 당시 아시아 무역을 독점하다시피 한 네덜란드가 일본 녹차를 유럽에 수출하면서부터예요. 얼마 뒤 네덜란드의 차 무역은 일본차에서 중국차로 바뀌어요. 그리고 18세기가 되면 중국차 수입의 주도권이 네덜란드에서 영국의 동인도 회사로 옮겨가게 되지요. 동인도 회사의 차 무역은 처음에는 주로 녹차 종류가 거래되었어요. 하지만 교역량이 그리 많지는 않았지요. 18세기 중엽부

중국차 수입의 주도권이 네덜란드에서 영국으로 넘어가자 녹차보다 홍차의 거래량이 많아졌다.

터는 녹차보다 홍차*가 주로 거래되었어요. 이에 따라 유럽에서는 홍차 문화가 발전하기 시작해요.

특히 영국은 '홍차의 나라'로 불릴 정도로 홍차 문화가 크게 발전해요. 이것은 영국의 물과 밀접한 관련이 있어요. 영국의 물은 미네랄이 많이 함유된 경수였어요. 이 경수에 녹차를 우려내면 맛과 향이 제대로 나오지 않아요. 하지만 발효차인 홍차는 그 맛이 아주 좋았지요. 당연히 영국 사람들은 녹차보다는 홍차를 즐기게 되었어요.

그렇지만 당시 홍차는 너무 비싸서 상류층만이 마실 수 있었어요. 영국 상류 사회에서는 손님이 오면 은제 찻주전자나 중국제 도자기 찻주전자로 홍차를 대접하는 홍차 문화가 자리잡기 시작하지요.

그런데 중국 찻잔은 손잡이가 없기 때문에 뜨겁게 마시는 홍차를 담아 두기에 적합하지 않았어요. 그래서 영국은 손잡이가 달린 찻잔을 고안해 중국에 주문했어요. 일본에는 잔 받침을 주문했고요. 이렇게 해서 오늘날 우리가 보는 것과 같은 '홍차 다기 세트'가 완성되었어요.

18세기 후반, 영국에서는 도자기 산업이 크게 발전하여 도자기를 싼 가격에 대량으로 생산하게 되었어요. 특히 문양을 하나하나 직접 손으로 그려 넣던 그 전까

녹차와 홍차

녹차와 홍차는 발효 정도의 차이에 따라 달라진다. 녹차는 발효가 일어나지 않은 것이고, 완전히 발효된 것이 홍차이다. 여기서 발효란 우리가 일반적으로 알고 있는 미생물에 의한 발효가 아니다. 차의 발효는 찻잎에 함유된 주성분인 폴리페놀이 폴리페놀 옥시다아제란 산화 효소에 의해 변화되는 것이다. 이 과정에서 색의 변화와 더불어 독특한 맛과 향이 결정된다.

지의 방법을 벗어나 미리 그려 놓은 그림을 옮겨 붙이는 방식이 개발되면서 대량 생산이 가능해졌어요.

이에 따라 값싼 홍차 다기 세트를 누구나 쉽게 살 수 있게 되었고, 홍차 문화도 사회에 정착되기 시작하여 19세기에는 모든 계층이 홍차를 즐기게 되었어요.

특히 19세기에 이르러 영국은 홍차의 빛깔을 한층 살려 주는 '본차

영국의 홍차 문화가 발달하면서
도자기 만드는 기술을 더욱 발전시킨 것은 물론
모든 계층이 홍차를 즐길 수 있게 되었다.

이나'라는 도자기를 개발했어요. 본차이나*는 점토에 연한 미색의 소 뼛가루를 첨가해 1,100도에서 구워 낸 것이에요. 이렇게 만들어진 본차이나는 투명한 유백색으로 가벼우면서도 굉장히 단단했어요. 홍차의 색과 잘 어울릴 뿐만 아니라 내구성이 강해 뜨거운 온도에서 우려내는 홍차에 아주 적합했지요.

크게 발달한 영국의 홍차 문화는 도자기를 만드는 기술을 더욱 발전시켰고, 이후 영국의 도자기는 여러 세대를 거치면서 로열덜튼, 앤슬리, 웨지우드 등의 세계적인 브랜드를 낳으며 세계 최정상의 자리를 지키게 되지요.

영국의 홍차에 대한 열광은 미국 독립 전쟁의 시발이 되는 '보스턴 차 사건'과 청나라의 몰락을 가져오는 '아편 전쟁' 같은 세계사적 사건의 원인이 되기도 했어요.

보스턴 차 사건은 영국이 동인도 회사의 홍차를 식민지인 아메리카에서 비싼 세금을 매겨서 독점 판매하고자 욕심을 부려 차 법령을 제정한 데에서 비롯되었어요. 그간 프랑스와 네덜란드를 통해 몰래 들여온 홍차를 싼 값에 마셔 왔던 미국 사람들이 크게 격분했지요. 또한

본차이나

본차이나는 소의 뼛가루를 흙에 섞어 만든 도자기이다. 질감이 부드럽고 충격에 강하고, 만드는 비용이 싸다는 점 등 장점이 많아 다양한 고급 식기류에 사용된다. 본차이나의 개발은 천 년 동안 도자기 종주국의 역할을 해 왔던 중국으로부터 그 중심축이 영국으로 옮겨가는 것을 의미했다. 본차이나 개발은 단순히 그릇의 새로운 재료를 발견한 것에 그치지 않고 세계 식탁 문화의 흐름까지도 바꿔 놓는 결과를 가져왔다. 이후 영국은 본차이나로 전 세계 도자기 시장을 주도한다.

이들은 인디언으로 분장해 보스턴 만에 정박 중이던 동인도 회사의 선박을 습격하고 홍차 상자를 바닷속으로 던져 버렸어요. 이 사건이 계기가 되어 1775년에 미국 독립 전쟁이 일어났고, 다음 해 미국은 영국으로부터 독립을 하지요. 오늘날 미국은 차 수입에 한해서는 세금을 부과하지 않아요. 아마 선조들이 펼친 홍차에 대한 세금 반대 운동이 독립으로 연결된 것에 대한 자부심 때문일지도 모르겠어요.

한편 19세기 이후 영국 사람들에게 차는 국민 음료로 자리잡아요. 하지만 기후 조건으로 인해 재배가 어려워 청나라에서 많은 양을 수입해야만 했지요. 영국은 당시 차 대금으로 은을 지불했는데, 차 수입량이 너무나 많아서 은이 부족했어요. 그래서 '아편'을 청나라에 수출해 은을 벌어들였지요.

쏟아져 들어온 아편으로 인해 청나라는 아편 중독자들이 급증했고, 이는 사회적 혼란으로 이어졌어요. 또한 아편을 수입하기 위해 막대한 은을 쓰면서 거꾸로 청나라에서 은이 부족해졌지요.

이에 청나라 정부는 영국 상인의 아편을 모두 빼앗아 밀수를 뿌리 뽑으려 했어요. 당연히 영국은 이에 크게 반발하였고 그 결과 청나라와 영국 사이에 전쟁이 벌어졌어요. 이 전쟁이 바로 '아편 전쟁'이에요.

아편 전쟁에서 영국에게 참패한 청나라는 유럽 여러 나라의 간섭을 받으며 몰락했고, 아시아는 본격적으로 유럽의 식민지로 전락하게 되었답니다.

보스턴 차 사건은 영국이 홍차에 세금을 부과한 것에
미국 사람들이 반발하며 일어난 사건이다.
이를 계기로 미국은 영국으로부터 독립하게 된다.

식문화를 바꾼 도자기

영화나 텔레비전을 보면 서양 사람들이 멋지게 차려진 식탁에서 포크와 칼 등을 이용하여 식사하는 장면을 많이 봤을 거예요. 뭔가 복잡하고 까다롭지만 격식을 차린 자리에서 흔히 볼 수 있는 풍경이지요.

하지만 서양 사람들이 처음부터 다양한 그릇과 접시, 포크와 칼 등을 이용했던 것은 아니에요. 또한 지금과 같이 요리를 식탁에 내놓는 순서와 방법이 정해진 것도 얼마 되지 않았어요. 이것은 중국의 도자기가 유럽에 전해지기 시작하면서부터라고 해도 과언이 아니에요. 실제로 유럽의 식문화는 중국의 도자기가 전해지면서 점차 발전했으니까요.

16세기 이전, 유럽 사람들은 빵과 육류를 주로 먹었어요. 음식의 종류도 다양하지 않았지요. 먹을 때에도 별다른 도구 없이 손으로 먹었어요. 격식을 차린 식사 예절도 없었지요. 사람들은 여럿이 함께 쓰는 큰 도기 접시나 나무 접시에 고기를 올려놓고 각자 조금씩

잘라 가 나무판 위에서 손으로 집어 먹었어요.
　그러던 유럽의 식문화가 중국의 도자기가 전해진 16세기부터 오늘날과 비슷한 모습을 갖추기 시작해요. 먼저 대항해 시대 이후 호박, 토마토, 옥수수, 콩 등이 여러 대륙에서 유럽으로 들어오면서 음식 재료가 풍부해졌어요. 또한 도자기를 사용하면서 물기가 있는 음식을 담을 수 있게 되어 각각의 음식에 적합한 식기도 다양하게 발전하지요.
　한편 도기로 된 식기는 단단하지 않아서 칼이나 포크를 잘못 사용하면 깨질 위험이 많지만, 도자기는 표면이 단단하여 칼을 이용하기

유럽의 식문화가 자리 잡기 전에는 손으로 음식을 먹고 커다란 나무판 위에 고기를 놓고 잘라 먹었다.

좋았고 포크로 음식을 집기도 더 쉬웠어요. 그래서 칼과 포크의 종류가 다양해졌고 음식에 따라 그 사용법도 세분화되었지요.

17세기가 되면 유럽의 왕과 귀족들은 자신들의 권력과 권위를 과시하기 위해 도자기를 이용해 복잡한 식사 예절과 세련되고 호화로운

중국 도자기가 전해진 뒤 유럽의 식문화는
다양하게 발전했고, 음식에 적합한 식기는 물론
칼과 포크의 종류도 세분화되었다.

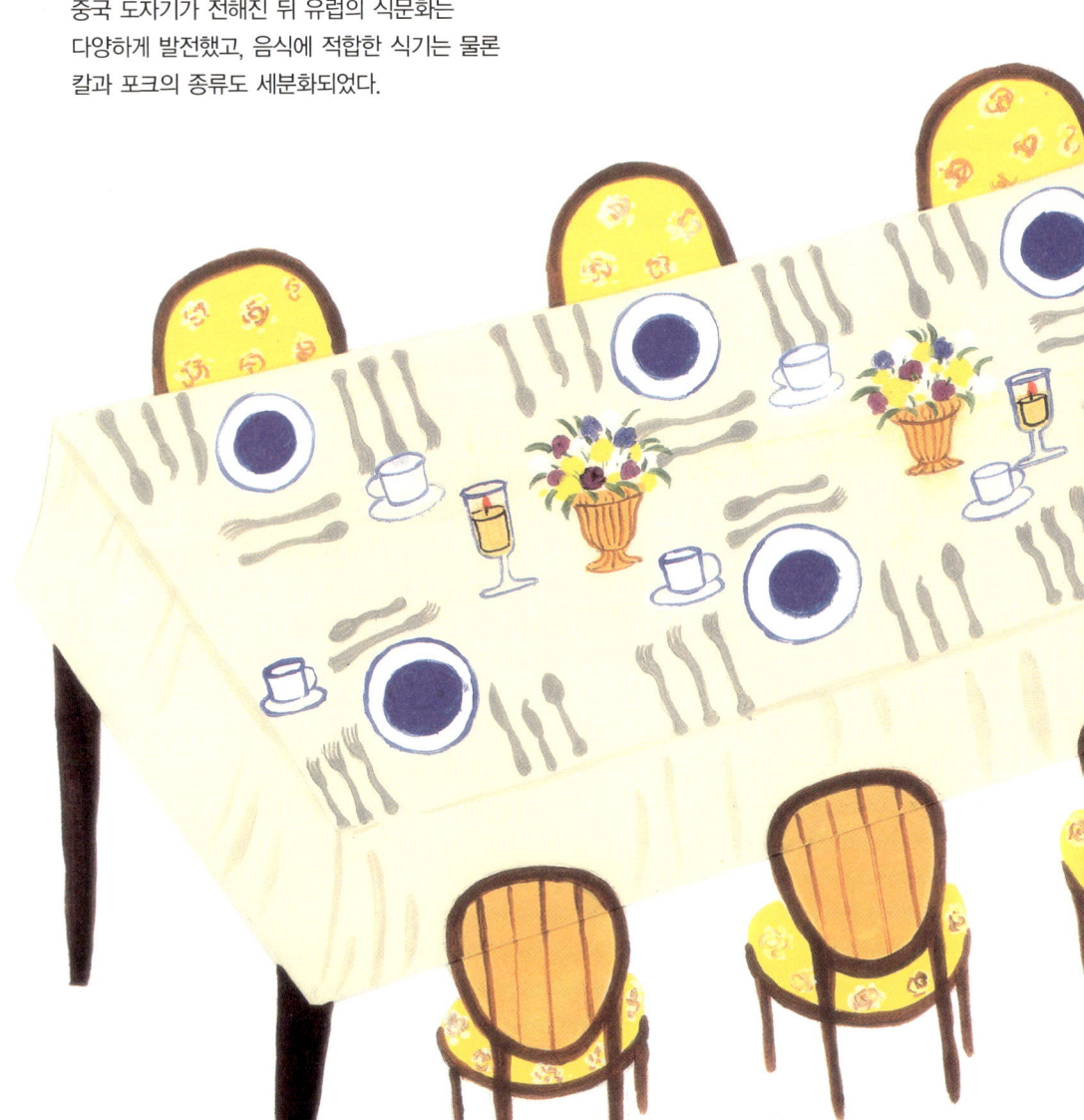

식문화를 만들어요.

　18세기 이후에는 유럽에서도 직접 도자기를 생산할 수 있게 되면서 화려한 '전시용 도자기 식기 세트'도 만들지요. 이 식기 세트는 당시 최상급 선물 중 하나였어요. 하지만 이것도 상류층에 해당되고, 보통 사람들은 여전히 손을 이용했어요. 그러다가 19세기가 되면서 일반 사람들도 상류층이 사용하는 것과 비슷한 식기를 사용하고 식사 예절을 지키게 되었지요. 전체적인 경제 수준이 좋아졌기 때문이에요. 과학 기술의 발달로 도자기가 대량으로 생산되고, 유백색 본차이나가 개발되었기 때문이기도 하고요.

　이처럼 도자기가 서양의 음식 문화에 커다란 영향을 끼쳤답니다.

도자기 문화 현상 1: 시누아즈리

　16세기 대항해 시대 이후 유럽은 새로운 문화를 만나게 돼요. 당시 중국은 세계 최고의 선진국이었기 때문에 유럽은 중국과 접촉하면서 발달된 중국의 문명과 문화를 경험하게 되지요. 이때 유럽 문화에 가장 큰 영향을 준 것이 있는데, 바로 '청화백자'였어요.

　당시 유럽의 기술로는 만들 수 없던 도자기를 본 유럽 사람들은 흰 바탕에 그려진 푸른색 청화백자가 너무나 갖고 싶었어요. 하지만 그 가격이 너무 비싸서 보통 사람들은 엄두를 낼 수 없었지요. 그러나 왕과 귀족들은 자신들의 권위를 과시라도 하듯 기꺼이 어마어마한 돈을 썼어요. 이른바 중국 도자기 열풍이 분 거예요. 이 문화 현상을 '시누아즈리'라고 해요.

　시누아즈리는 '중국 취미' 또는 '중국 유행'이라는 의미로, 프랑스 말이에요. 시누아즈리가 유럽을 강타한 18세기에는 유럽 문화의 중심이 프랑스였기 때문에 프랑스 어를 그대로 쓴 것이지요. 이처럼 세계 최초의 최첨단 상품이었던 청화백자는 유럽에서 시누아즈리를 일으키며 유럽에 중국 도자기를 널리 알렸어요.

청화백자에 반한 유럽 사람들은
많은 돈을 쓰며 청화백자를 모았다.
이런 중국 도자기 열풍을 시누아즈리라고 한다.

그러나 청화백자는 값이 너무 비싸서 모든 사람들이 다 가질 수가 없었어요. 그러자 네덜란드에서 청화백자의 모조품인 델프트도기*를 만들었어요. 델프트도기는 청화백자에 비해 상대적으로

델프트도기

네덜란드의 델프트에서 만든 것으로, 흰 바탕에 청색 무늬를 넣었다. 중국 도자기를 본뜬 것과 네덜란드의 풍속이나 풍경을 그린 두 종류가 있다.

값이 쌌기 때문에 많은 사람들에게 크게 인기를 얻었어요. 그래서 유럽 여러 지역에서는 델프트도기의 모조품이 만들어질 정도였지요.

호화로움과 부를 묘사하는 당시의 유럽 그림에는 청화백자가 자주 등장해요. 대표적인 예가 네덜란드 화가 칼프가 그린 중국 도자기 그릇이 있는 정물화예요. 당시 칼프의 그림은 날개 돋친 듯이 팔려나갔다고 해요. 이것을 통해서도 유럽 사람들이 얼마나 중국 도자기를 가지고 싶어했는지 짐작할 수 있겠지요?

또한 유럽 여러 나라의 궁전에서도 시누아즈리를 엿볼 수 있어요. 포르투갈의 산토스 궁전, 프랑스의 베르사이유 궁전, 오스트리아의 쇤부룬 궁전, 독일 상수시 궁전과 샤를로텐부르크 궁전에는 중국 도자기나 타일로 장식한 도자기 방이 따로 있어요. 유럽의 황제들은 도자기 방에서 중국식으로 차를 마시며 노는 모임이나 가면극을 열고 중국 전통 의상을 걸치기도 했어요. 병풍과 침대에는 중국 사람들의 모습을 그려 넣었지요.

시누아즈리는 '로코코 양식'이 발달하는 데에도 영향을 끼쳤어요. 18세기 유럽에서는 중국적 요소를 가미하여 예술 작품을 만드는 양식이 발달하는데 이를 로코코 양식이라고 해요. 로코코 양식은 화려한 색채와 섬세한 장식을 특징으로 하는데, 이는 청화백자의 특징과 비슷해요. 이와 같이 유럽을 강타한 시누아즈리의 한 가운데에는 중국 도자기가 있었답니다.

도자기 문화 현상 2 : 자포니즘

빈센트 반 고흐. 클로드 모네. 르누아르. 폴 고갱.

아마 한 번쯤은 들어 본 이름일 거예요. 이 사람들의 공통점은 뭘까요? 맞아요. 화가들이에요. 그것도 우리가 인상파라고 부르는 화가들이지요. 그런데 이 화가들에게는 또 하나의 공통점이 있어요. 무엇일까요? 이번 문제는 좀 어려운 것 같으니 같이 알아봐요.

1709년에 마이센에서 유럽 최초의 도자기*가 만들어지면서 유럽은 자신들의 문화와 양식에 어울리는 도자기를 생산하기 시작해요. 그러면서 점차 시누아즈리의 인기도 사그라졌지요.

시누아즈리는 동양에 대한 동

유럽 도자기의 시작

작센의 왕 아우구스트 2세는 권력을 유지하기 위해 막대한 자금이 필요했다. 그래서 뵈트거라는 연금술사를 마이센 성에 감금하고는 금을 만들라고 명령한다. 뵈트거가 금을 만들지 못하자 이번에는 치른하우스라는 왕실 화학자와 함께 도자기를 만들라고 명령한다.

뵈트거는 3만 번 이상의 실험을 거치면서 드디어 1709년, 마이센 가마에서 유럽 최초의 도자기를 만든다. 이렇게 유럽의 도자기 제작은 반복된 실험을 통해 이루어진 또 하나의 발명이었다. 그래서 유럽 도자기의 시작을 '마이센의 기적'이라고 한다.

경 때문에 생겨난 문화 현상이에요. 어찌 보면 서양은 동양에 대해 열등감을 가지고 있었는지도 몰라요. 문화적으로 열등한 유럽이 중국의 우수한 문화와 문물을 무조건적으로 수용하고 모방하려 했던 것이 시누아즈리의 특징이니까요.

하지만 19세기에 들어서면서 상황이 바뀌었어요. 침체되어 있던 동양과 달리 산업 혁명을 거친 유럽은 강력한 무기와 군대로 무장하고는 동양을 침략하기 시작해요. 그러자 유럽은 동양에 대한 열등감에서 벗어나 오히려 우월감을 느끼게 되지요. 그런데 19세기 중엽에 유럽은 다시 동양 문화에 빠져들어요. 일본 문화에 대한 취미 또는 심취라고 말할 수 있는 '자포니즘'이 유럽에 퍼지기 시작한 거예요. 일본의 공예품, 특히 '우키요에'를 열광적으로 수집하면서 시작된 자포니즘은, 당시 유럽에서 30년 이상이나 지속된 문화 현상이었어요.

'우키요에'는 일본 서민 생활을 표현한 일본 판화를 말해요. 일본에서는 이것을 대수롭지 않게 생각하여 도자기를 싸는 포장지로 사용하였지요. 그런데 유럽의 예술가들은 이 우키요에를 보고 큰 문화적 충격을 받았어요. 당시 유럽의 화가들은 전통에 얽매여 있어 근대적인 표현 기법을 찾지 못하고 있었어요. 그때 우키요에를 접하고는 많은 영감을 받았지요. 빛의 효과를 교묘하게 나타내는 기법과 선명한 색채감이나 유동적인 구도를 창안하는데 도움을 받았어요. 이렇게 해서 등장한 것이 바로 '인상주의'예요.

한편 자포니즘은 화가들뿐만 아니라 음악가, 작가들에게도 큰 영향을 끼쳤어요. 푸치니는 미국 해군 장교와 일본 여인과의 사랑을 그린 오페라 '나비 부인'을 작곡하기도 했어요.

　자, 이제 앞의 문제에 대한 해답을 알겠지요? 그래요, 이 화가들 모두 자포니즘의 영향을 받았다는 거예요. 고흐의 경우 '안도 히로시게'의 우키요에를 그대로 베낀 〈비 내리는 다리〉, 우키요에를 배경에 가득 넣은 〈탕기 영감의 초상화〉 등 자포니즘의 영향을 받은 작품들을 남겼어요. 모네는 자포니즘에 심취하여 일본식 정원을 꾸미고 살기까지 했고, 자기 부인에게 일본 기모노를 입혀 그린 〈기모노를 입은 여인〉을 그리기도 했어요. 르누아르의 〈샤르팡티에 부인과 아이들〉에도 일본식 방안의 모습이 표현되어 있답니다.

인상파 화가들은 일본 우키요에의 영향을 받아 많은 작품 속에 비슷하게 표현하며 자포니즘 열풍에 동참했다.

    일본 도자기의 포장지인 우키요에에서 시작된 자포니즘은 19세기 유럽의 문화에 새로운 활력을 불어 넣었어요. 하지만 자포니즘은 중국 문화에 대한 무조건적인 수용과 모방이었던 시누아즈리와 달리 주체적이고 선택적으로 일본 문화를 활용했다는 것이 특징이에요.

Chapter 6

흙으로 빚는 미래

도자기는 과거의 유물이 아니라
미래를 만들어 가는 훌륭한 재료이다.

도자기의 변신, 세라믹

도자기는 다른 물질과 구분할 수 있는 고유한 특성이 많아요. 먼저 전기가 통하지 않으며 열이 잘 전달되지 않아요. 닳아 없어지지도 않고, 높은 온도와 낮은 온도에도 잘 견디는 특성이 있어요. 뿐만 아니라 산과 알칼리 같은 화학 물질을 담아 두어도 변질되지 않아요. 게다가 놀랍게도 빛을 통과시키는 성질도 있고요.

우주선의 겉면은 내화 타일이 붙어 있어 높은 온도를 견딜 수 있다. 이 내화 타일을 만드는 재료가 도자기이다.

사람들은 도자기의 이런 특성들을 이용하여 생활에서 여러 모로 이용하고 있어요. 특히 요즘에는 도자기로 다양한 최첨단 제품을 만드는 세라믹 산업이 크게 발전하고 있어요. 그럼 도자기의 변신, 세라믹 제품들을 살펴볼까요?

그 첫 번째는 바로 우주선이에요. 도자기와 우주선, 어쩐지 서로 어울리지 않지요. 하지만 우주선을 만들기 위해서는 도자기가 꼭 필요해요. 도자기가 도대체 우주선의 어디에 쓰이냐고요? 바로 우주선의 겉면이에요.

우주선이 대기권을 통과할 때에는 아주아주 높은 열이 발생해요. 이때 발생하는 온도가 무려 1,800도예요. 우주선이 무사히 대기권을 통과하기 위해서는 이 열을 견뎌 내야 하지요. 그런데 이런 중요한 역할을 도자기가 한다는 거예요. 우주선이 받은 열이 내부로 전달되는 것을 막는 내화 타일을 만드는 재료가 바로 도자기거든요.

1981년, 첫 여행을 떠난 컬럼비아호는 우주선 바깥에 3만 장이 넘는 내화 타일을 붙였어요. 그런데 2003년에 지구로 귀환하는 도중에 폭발하고 말았지요. 셔틀을 발사할 때 왼쪽 날개의 내화 타일에 작은 균열이 생겼는데 그곳으로 공기가 새어 들어갔기 때문이래요. 이처럼 도자기로 만든 내화 타일이 없다면 우리는 아름다운 우주를 향해 떠날 수 없답니다.

한편 오늘날 우리는 전기가 없으면 단 하루도 살 수 없어요. 그런데 전기는 아주 먼 곳에 있는 발전소에서 전기선을 통해 우리 곁으로 오는 거예요. 발전소에서 만들어진 전기는 전압이 매우 높아요. 이 전기를 우리 곁으로 보내기 위해서 송전탑을 만들고 그 송전탑 사이를 고압선으로 연결하지요. 그래서 전기선을 송전탑에 고정시키면서 전기를 송전탑으로 흐르지 않도록 하는 특별한 장치가 필요해요. 이 장치를 '애자'라고 하지요.

애자는 비나 눈이 와도 바람이 불어도 고압의 전류가 흐르지 않도록 해야 해요. 또한 더위와 추위에도 팽창하거나 수축되지 않으며 외부에 노출되어 있어도 잘 파괴되지 않아야 하고요.

이런 애자를 만드는 가장 좋은 재료가 바로 도자기예요. 고압 전기로 움직이는 전차나 고속 철도에 전기를 공급하는 데에도 애자를 사용해요. 이처럼 도자기 애자는 우리가 전기를 손쉽게 사용할 수 있도록 만들어 주지요.

우리 몸에도 도자기가 쓰여요. 우리 몸에서 뼈가 하는 역할이 무엇인지 아나요? 뼈는 몸을 지지하고 내장과 신경을 보호해요. 그리고 혈액을 만들고 운동을 하는 역할을 담당하지요. 이렇게 소중한 뼈는 한

도자기의 고유한 특성을 이용해 최첨단 제품을 만드는 세라믹 산업이 발전하고 있다. 세라믹 산업은 우리 주변 가까이 많은 곳에 쓰이고 있다.

번 손상되면 재생시키기가 거의 불가능해요. 그래서 사람들은 뼈를 대신할 수 있는 것을 만들려고 노력해 왔어요.

뼈 대신에 사용할 재료는 세포에 독성을 미치지 않고 잘 부러지지 않아야 해요. 전기도 통하지 않아야 하고요. 이런 성질들이 바로 도자기에 있어요. 그래서 생체 재료로 많이 이용되지요. 도자기는 인공 뼈, 인공 치아, 치과용 시멘트 등에 많이 활용된답니다. 특히 인공적으로 이를 새로 심는 임플란트에 매우 폭넓게 사용되고 있어요.

우리나라가 보유한 세계 최고의 기술 중 하나인 반도체에도 세라믹 기술이 이용되고 있어요. 반도체를 만드는 데 있어서 가장 중요한 기술 중 하나가 바로 반도체 기판을 만드는 것인데 이 반도체 기판을 바로 세라믹으로 만들어요. 기판은 장치나 기계에서 각 부품 등을 접속해 회로나 회선 등을 구성하고 변경할 수 있는 전기 회로가 엮여 있는 판을 말해요. 세라믹 기판은 다른 소재로 만든 것보다 무게가 적게 나가고 부피도 작아 반도체 기판으로는 최고예요.

요즘에는 도자기에 살균 효과를 더해 만들기도 해요. 바로 은나노 기술을 이용한 것인데, 이름하여 '은나노 도자기'라는 것이지요. 은나노 도자기는 금속 상태의 은을 머리카락 만분의 1 크기의 나노 입자로 만들어 도자기를 마지막으로 굽기 전에 뿌려 줌으로써 은으로 코팅한 효과를 낸 제품을 말해요. 은나노 도자기에 각종 세균을 24시간 배양해 본 결과 99.9퍼센트 이상의 세균 감소율 효과가 나타난 것으로 알려졌어요. 신소재 산업, 바이오 산업 등은 세라믹 산업 중에서도 미래가 더욱 촉망되는 분야예요.

어때요? 도자기의 변신, 세라믹 제품들 정말 대단하지요? 이렇게 세라믹 제품들은 아주 다양한 분야에서 중요한 역할을 하고 있답니다.

세라믹 산업의 미래

세라믹은 흔히 도자기를 뜻하는데 산업 현장에서는 도자기뿐만 아니라 고온으로 열처리하여 만든 흙이나 돌 같은 비금속의 무기질 고체 재료를 말한다. 한자로는 요업, 또는 요업 제품이라고 한다.

세라믹은 크게 전통적 세라믹과 신 세라믹으로 구분할 수 있다. 전통적 세라믹에는 도자기, 유리, 내화물, 시멘트 등이 있으며, 신 세라믹에는 구조 재료 세라믹(우주선의 내화 타일), 전자 세라믹(반도체, 애자), 바이오 세라믹(생체 재료) 등이 있다. 신 세라믹 산업은 여러 가지 신소재를 개발하여 세상을 변화시키며, 미래에는 더욱 주목 받는 산업이 될 것이다.

새로운 예술의 장르, 도자 예술

혹시 '도예 체험'이나 '어린이 도예 교실' 같은 말을 들어 본 적이 있나요? 여기서 '도예'라는 말은 도자 공예의 약자예요. 도예는 흔히 실생활에 사용할 그릇을 흙으로 빚고 불에 구워 만드는 일을 뜻해요.

피카소의 도자 작품은 기존의 회화나 조소 위주의 전통적 미술 영역을 더욱 넓혔다는 평가를 받고 있다.

하지만 요즘에는 도자가 쓸모를 중시하는 공예라는 생각에서 벗어나 새로운 미술 양식을 만들며 발전하고 있어요. 새로운 예술의 장르, 다양한 도자 예술의 세계를 살펴볼까요?

왼쪽에 있는 것은 '세 사람'이라는 제목을 가진 도자 작품이에요. 누구의 작품인지 아세요? 바로 '피카소'예요. 입체파의 대가로 유명한 피카소는 그림뿐만 아니라 3천여 점이 넘는 도자 작품을 남긴 도예가였어요.

한편 1940년대 미국에서는 여러 작가들이 도자기를 이용해서 조각을 하는 '도자 조각', 즉 도조라는 영역을 새롭게 개척했어요. 도자 조각은 다른 재료로 만든 조각 작품에 비해 색깔이나 모양이 다양해요. 태토, 유약, 안료에서 생겨나는 다양한 색상, 흙의 부드러운 느낌으로 형태를 마음대로 만들 수 있기 때문이지요. 도자 조각은 앞으로 더욱 발전할 가능성이 높은 예술 장르예요.

요즘에는 '환경 도자'라는 영역도 발전하고 있어요. 환경 도자는 건물의 벽면, 기둥, 바닥 등에 도자로 만든 타일을 붙여 건물을 아름답게 꾸미는 것을 말해요. 풍부한 색감과 진흙의 부드러운 질감은 도시의 환경을 더욱 활력 있게 만들어 준답니다. 진흙으로 만들었기 때문에 시멘트 같은 인공 재료에 비해 친환경적이고, 사람들의 몸에도 좋아요. 앞으로 우리 주변에서 더 많은 환경 도자 작품들을 보게 될 거예요.

도자 예술은 이렇게 미술 영역을 넘어서 연극, 무용, 음악, 건축 등에도 다양하게 활용되고 있어요. 순수 미술과 응용 미술이 결합한 종합 미술인 거예요.

음식과 그릇의 조화, 모리쓰케

잠시 부엌으로 가서 한번 살펴보세요. 우리 집에서 사용하고 있는 그릇에는 어떤 것이 있나요? 도자기도 있고, 플라스틱도 있고, 스테인리스도 있을 거예요. 어느 것이 가장 많이 있나요?

우리나라에서는 아직 플라스틱 식기나 스테인리스 식기를 많이 사용하고 있어요. 특히 음식점에서는 값이 싸고 편리하다는 이유로 인체에 유해하고 미적 아름다움이 없는 플라스틱 식기를 많이 사용하고 있지요.

유럽이나 이웃 나라 일본에서는 도자기 식기를 주로 사용하는 등 도자기 사용이 생활화되어 있어요. 하지만 도자기 식기를 그냥 사용하는 것에만 그치는 것은 아니에요.

일본에는 '모리쓰케'라는 말이 있어요. 모리쓰케는 요리에 어울리는 그릇을 사용하여 음식을 보기 좋게 꾸민다는 말이에요. 그렇다고 모리쓰케가 음식과 그릇의 조화만을 이야기하는 것은 아니랍니다.

오늘날 사람들은 단순히 배를 채우기 위해 음식을 먹지 않아요. 음식의 맛뿐만 아니라 재료의 색깔, 음식의 배치, 음식을 담는 도자기의

모리쓰케는 요리에 어울리는 그릇을 사용해
음식을 보기 좋게 꾸민다는 뜻으로
음식과 그릇과의 조화뿐만 아니라 먹는 분위기까지
아우르는 예술이라 할 수 있다.

아름다움까지도 즐기면서 식사를 하지요.

음식과 그릇의 조화뿐만 아니라 요리와 음식을 먹는 분위기 그리고 요리를 담는 그릇이 함께 이루는 예술 세계가 바로 모리쓰케예요. 일본에서는 이런 모리쓰케가 오랜 세월에 걸쳐 생활의 일부로 자리 잡고 있지요.

우리나라도 이제 생활에 여유가 생기면서 플라스틱이나 스테인리스보다는 도자기 식기를 사용하는 곳이 점차 늘어나고 있어요. 최근에는 한식과 우리 전통 도자기, 음식을 먹는 공간의 아름다움을 결합시켜 음식 문화를 예술화하여 한식을 세계화하려는 움직임이 생겨나고 있지요.

이렇게 도자기는 우리의 생활을 더 여유 있고 풍요롭게 만들어 준답니다.

도자기 식기의 장점

요즘 식기 재료로 흔히 사용되는 것이 플라스틱이다. 플라스틱은 가볍고 원하는 대로 모양과 색을 만들 수 있으며 가격도 저렴해 그릇을 만드는 꿈의 재료라고 흔히 말한다. 그러나 플라스틱 식기는 환경 호르몬을 다량으로 함유하고 있어 많은 장점에도 불구하고 식기로는 적절하지 못하다. 식기로 사용하기에 우수한 도자기의 특성을 살펴보면 다음과 같다.
- 환경 호르몬이나 중금속이 녹아 나오지 않아 안전하다.
- 세균 번식을 억제하고 씻기에 편리해 위생적이다.
- 화학 물질에 의해 잘 부식되지 않는다.
- 다른 재료에 비해 보기에 좋고 아름다워 음식의 맛을 돋운다.
- 열, 압력, 바람을 견뎌 낼 수 있을 만큼 단단하다.

미래를 준비하는 우리 도자기

　일제 강점기와 한국 전쟁을 거치면서 우리나라 도자기의 맥은 끊어지고 말았어요. 최고의 도자기를 만드는 여러 가지 기술들이 모두 잊혀진 거예요. 하지만 그 어려운 상황 속에서도 우리나라 전통 도자기를 다시 재현해 내고자 노력했던 사람들이 있었어요. 고려청자를 재현한 유근형, 이도다완을 재현한 신정희와 천한봉 등이 바로 그런 분들이랍니다. 이 분들의 노력으로 우리나라 '전통 도자기'의 맥은 다시 살아납니다.

　전통 도자기는 '전승 도자기'라고도 하는데 고려나 조선 시대에 만들었던 고려청자, 분청사기, 조선백자를 재료나 작업 과정 등은 옛날 방식에 가깝게 따르면서 형태, 색상, 질감 등은 현대 생활에 맞춰 새롭게 빚어 낸 도자기를 말해요.

　이렇게 전통 도자기를 재현한 분들과 여러 제자들이 정착한 곳을 중심으로 전통 도자기를 부흥시키기 위한 지역으로 성장한 곳이 있어요. 바로 경기도 이천, 경북 문경, 경남 통도사 부근이지요. 물론 이곳이 아니더라도 우리나라 전통 도자기의 맥을 잇기 위해 노력하고 있는 사기장들은 많이 있답니다.

전승 도자기와 달리 모든 공정 과정이 자동화로 이루어진 도자기가 있어요. 바로 '산업 도자기'이지요. 산업 도자기는 대규모 시설이 갖춰진 공장에서 짧은 시간에 아주 많이 만들어져요. 식기류나 주방 기구 등 생활용품뿐만 아니라 환경 도자 제품, 타일 등도 산업 도자기에 속하지요.

현재 전 세계에서 생산되는 산업 도자기의 67퍼센트 정도를 중국에서 만들고 있어요. 이처럼 산업 도자기 시장의 주도권은 도자기 종주국인 중국이 가지고 있어요. 하지만 고급 도자기 시장은 여전히 유럽이 90퍼센트 이상을 차지하고 있지요.

최근 세계적인 명품 도자기 브랜드들이 글로벌 경기침체의 여파로 줄줄이 도산했어요*. 하지만 우리나라의 도자기 기업들은 탄탄한 기술력과 새로운 자체 브랜드 상품으로 이때를 기회 삼아 더 많은 수출을 하며 성장하고 있지요.

세계 명품 도자기들의 도산

2008년과 2009년 사이에 250년 전통의 세계 최고의 도자기 회사인 영국의 '웨지우드' 뿐만 아니라 영국의 '로열 워스터', 미국의 '레녹스' 등이 청산 절차에 들어갔다. 일본 명품 도자기 업체인 '노리다케'도 필리핀에 있는 공장을 폐쇄하고 생산량도 절반으로 줄였다.

과거 우리나라 도자기의 해외 수출은 거의 '주문자 상표 부착 생산'이라고 불리는 오이엠(OEM) 방식이었어요. 예를 들어, 영국의 웨지우드라는 회사에서 우리나라 도자기 회사에 제품을 주문해요. 웨지우드는 싼 값에 이 제품들을 사서 자기의 상표를 달고 비싼 가격에 파는 것이지요. 대부분의 이익은 웨지우드가 가져가고 우리나라 도자기 회사는 큰 이익을 얻지 못해요. 혹시 나이키 같은 유명 상표에 'made in china'라고 쓰여 있는 것을 본적이 있나요? 그것이 바로 오이엠 방식으로 만들어진 거예요.

하지만 최근에는 해외 명품 도자기 시장을 공략하여 세계적인 회사로 발전하기 위해서 고유 브랜드 생산이라고 불리는 오비엠(OBM) 방식으로 빠르게 변하고 있어요. 즉, 우리나라 자체의 고유 브랜드를 우리가 직접 생산하여 수출하는 방식이지요. 이 방식은 도자기를 수출한 이익이 고스란히 우리의 손에 들어오기 때문에 우리나라 도자기 회사들은 자체적인 디자인 연구와 기술력 개발을 위해 많은 투자를 하며 고유 브랜드 개발에 최선을 다하고 있답니다.

이렇게 현재 우리나라는 과거 세계 최고의 도자기 강대국이었던 위상을 찾기 위해 전통 도자기와 산업 도자기 분야 모두에서 많은 연구와 노력을 하고 있어요.

어때요, 우리 도자기의 밝은 미래가 보이는 것 같나요? 다시 한 번 세계 최고의 도자기 강대국이 될 날을 기다려 봅니다.

전통 도자기 마을을 찾아서

■ 광주 · 여주 · 이천

경기도에는 광주, 여주, 이천으로 대표되는 도자기 벨트가 형성되어 있어 해마다 세계 도자 비엔날레를 개최해요. 이 도자기 벨트에는 전국 도자기 업체의 36퍼센트에 해당하는 660개 업체가 밀집해 있어 우리나라 '전통 도자기의 메카'라고 불린답니다.

광주는 조선 왕실에 백자를 공급했던 분원이 설치된 곳으로 화려한 백자 문화가 꽃을 피운 곳이지요. 광주 왕실 도자기 축제가 열리며, 분원 도요지와 경기도자박물관이 있어요. 도요지는 도기를 굽던 가마터를 말해요.

여주는 품질 좋은 백토가 나는 곳으로, 한국 생활 도자기의 60퍼센트를 생산하고 있어요. 또 '도자체험마을'을 설치하여 우수한 도자기 업체들이 다양한 체험 프로그램과 요장 견학, 도예가 작품전 등을 경험할 수 있게 했어요.

이천은 전통과 현대를 아우르는 요장 340여 곳이 밀집해 있는 대한민국 최고의 도자 도시예요. 요장은 도자기를 구워내는 곳을 말해요. 도예 장인들이 여기에 모여 맥이 끊긴 전통 도자기 제작 기법을 연구한 끝에 고려청자나 조선백자의 아름다움을 재현하는데 성공하였지요. 2010년에는 유네스코가 지정하는 '공예 및 민속 예술의 도시'로 선정되었어요.

■ 문경

문경에는 우리나라 도자기의 명인들이 많이 살고 있어요. 김정옥, 천한봉, 이학천이 바로 그 분들이지요. 문경에는 이들을 포함해 도예가 20여 명이 전통 도자기의 맥을 이어가고 있답니다. 특히 수백 년 동안 끊겼던 이도다완의 제작 기법을 찾아내 재현한 곳이기도 해요. 또한 해마다 봄이면 문경 전통 차 사발 축제를 연답니다.

■ 통도사 부근

이도다완을 재현한 신정희는 1975년에 문경에서 통도사 부근으로 가마를 옮깁니다. 이곳에서 수십 년 동안 작품을 만들면서 제자들을 길러냈는데, 그 제자들도 통도사 부근에 자리를 잡으면서 이제는 가마 20여 개가 들어선 곳이 되었답니다. 신정희의 아들인 신한균은 도자기를 만드는 일뿐만 아니라 여러 가지 집필 활동을 통해 우리 전통 도자기를 바로 알리기 위해 노력하고 있답니다.

■ 강진

전국에서 발견된 고려 시대의 청자 가마터는 모두 400여 곳이 있는데, 그중 200여 곳이 강진군 대구면 일대에 위치해 있어요. 또한 고려 시대 강진요에서 탄생한 작품 중 14점이 국보, 6점이 보물로 지정되어 있지요. 이처럼 강진은 고려청자가 화려하게 꽃피웠던 곳이에요. 현재 강진 대구면 일대는 청자 관광지가 만들어져 청자 박물관, 청자 빚기 체험장 등이 운영되고, 해마다 여름에는 강진 청자 문화제가 열린답니다.